AF317681

LES
RÉVOLUTIONS DU DROIT

ÉTUDES HISTORIQUES

DESTINÉES

A FACILITER L'INTELLIGENCE DES INSTITUTIONS SOCIALES

PAR

Henri BROCHER de la Fléchère

Docteur en droit, Professeur à l'Université de Genève
Associé de l'Institut de droit international
Membre correspondant de l'Académie de jurisprudence et de législation de Madrid
l'un des directeurs de la *Revue générale de droit*
etc.

TOME II

L'ENFANTEMENT DU DROIT PAR LA GUERRE

GENÈVE ET BALE

H. GEORG, LIBRAIRE-ÉDITEUR

PARIS

LIBRAIRIE ERNEST THORIN

7, rue de Médicis.

Genève. — Imp. Jules-Guillaume Fick.

LES
RÉVOLUTIONS DU DROIT

ÉTUDES HISTORIQUES

DESTINÉES

À FACILITER L'INTELLIGENCE DES INSTITUTIONS SOCIALES

PAR

Henri BROCHER de la Fléchère

Docteur en droit, Professeur à l'Université de Genève
Associé de l'Institut de droit international
Membre correspondant de l'Académie de jurisprudence et de législation de Madrid
l'un des directeurs de la *Revue générale de droit*
etc.

TOME II

L'ENFANTEMENT DU DROIT PAR LA GUERRE

GENÈVE ET BALE

H. GEORG, LIBRAIRE-ÉDITEUR

PARIS

LIBRAIRIE ERNEST THORIN

7, rue de Médicis.

—

TABLE DES MATIÈRES

AVANT-PROPOS

Ce deuxième volume se propose, comme le premier, de répandre la connaissance des principes fondamentaux du droit.

On se préoccupe aujourd'hui de populariser notre science; on en introduit l'étude jusque dans les écoles de jeunes filles. On a raison, mais on pourrait bien se tromper sur le caractère à donner à cet enseignement. Il ne faut pas s'imaginer que, dans l'état actuel des choses, le droit positif puisse être sérieusement connu de ceux qui ne s'y consacrent pas spécialement, ni qu'on puisse se passer d'hommes de loi. Le droit ne doit pas être étudié par ceux qui n'y cherchent qu'un moyen de culture générale de la même manière que par ceux qui veulent en faire leur profession. Il est l'objet de deux sciences, qui s'emmêlent souvent, mais qui n'en doivent pas moins être distinguées, parce qu'elles ont des fonctions et des méthodes différentes.

Le droit naturel ne se propose plus, comme autrefois, de formuler l'idéal de tous les systèmes positifs ; il se contente de chercher, par les moyens de la philosophie expérimentale, les motifs des diverses dispositions juridiques. Il nous fait ainsi connaître des besoins qu'il est souvent impossible de concilier, malgré leur parfaite légitimité. C'est pour cela que les principes qu'il établit ont besoin d'être complétés, et sont malheureusement souvent remplacés par des règles plus ou moins arbitraires, expédients dangereux, mais indispensables.

Le droit positif recherche les conséquences de ces dispositions naturelles ou fictives ; il montre comment se tranchent dans la pratique ces conflits qu'il est souvent impossible de dénouer.

Celui qui demande à l'étude du droit un gagne-pain doit s'adresser au droit positif ; celui qui cherche un moyen d'éclairer sa conscience se tournera du côté du droit naturel, science trop négligée jusqu'ici par toute sorte de raisons, mais à laquelle il importe de rendre l'importance qui lui est due.

Genève, le 25 avril 1882.

LIVRE PREMIER.

LA GUERRE ET LA SOCIÉTÉ.

CHAPITRE PREMIER.

Extermination et Coexistence.

Les hommes aspirent à la paix et cependant ils sont toujours en guerre; ils s'attirent et se repoussent tout à la fois. Le sentiment naturel les pousse à se rapprocher les uns des autres, et l'expérience leur enseigne la nécessité de se tenir mutuellement à distance. La guerre est un pis aller, effet de notre impuissance, surtout de notre ignorance, effet qui cessera quand la cause aura disparu. Une fois les obstacles levés, la paix s'établira d'elle-même, en vertu de l'attrait qu'elle exerce naturellement sur nous. Mais il faut apprendre à vivre en paix, comme il faut apprendre l'art d'être heureux.

Les hommes s'attirent parce qu'ils peuvent s'aider mutuellement à satisfaire leurs besoins. Le motif d'un rapprochement amical est une communauté de jouissance, une communion. Nous voyons les hommes, comme les animaux, se blottir les

1

uns contre les autres pour se garantir réciproquement du froid. Quand on peut laisser les autres
jouir de ce que l'on a sans s'en priver soi-même,
on le fait volontiers, sous l'influence d'une espé-
rance instinctive de réciprocité. Quand des sauvages allument du feu, on en voit d'autres arriver
en petit nombre et sans armes pour se chauffer
aussi ; ils viennent et se retirent en silence et sans
rencontrer d'opposition. Quand, après une pêche
heureuse, un Lapon a surabondance de nourriture,
il donne le surplus d'autant plus volontiers qu'il ne
saurait pas le garder. On peut considérer comme
un avant-coureur du commerce, comme une des
plus anciennes formes de relations internationales
amiables, ces jeux publics institués dans certaines
villes de la Grèce et de l'Italie, et que les peuples
voisins étaient officiellement invités à visiter.

Ce n'est pas seulement à la prospérité matérielle
que la société est nécessaire, mais au moins autant
à la prospérité morale. L'homme est un être borné,
qui a besoin d'être complété, par conséquent limité
par d'autres hommes. Notre esprit reflète la vérité,
mais il n'en reflète qu'une partie. Or le problème
de la vie suppose la satisfaction d'innombrables
besoins différents, la conciliation d'exigences opposées. Très souvent, un progrès dans un sens est
nuisible s'il n'est pas suivi de progrès dans
d'autres sens qui rétablissent l'équilibre. Un organe

qui se développe tire à lui la nourriture des organes voisins, lesquels périront atrophiés s'ils ne réagissent pas en se développant de leur côté. D'autre part, les bornes de notre esprit nous condamnent à n'envisager les choses que d'un seul côté à la fois; nous ne réussissons à remplir les conditions complémentaires d'un progrès sérieux que successivement. Or il est bien rare qu'une même personne ait assez d'étendue d'esprit, de souplesse de caractère, pour pouvoir se charger seule de tâches opposées. Quand nous nous sommes avancés pendant un certain temps dans un certain sens, il faut, dans notre intérêt particulier et dans l'intérêt général, que nous rencontrions une résistance qui nous arrête ou nous fasse changer de direction. Si nous étions seuls, au lieu d'élargir notre cercle, nous ne ferions que nous écarter toujours plus de notre centre de gravité, parce que nous prolongerions indéfiniment les mêmes lignes. Telle est la cause du vertige moral qui s'empare des individus quand ils ont atteint, non pas même la toute-puissance, mais une position supérieure à leurs circonstances, à leur éducation, à leurs capacités. La même chose arrive aux sociétés, aux peuples, aux corporations; nous aurons de nombreuses occasions de nous en convaincre. L'homme a toujours besoin de s'appuyer sur quelque chose qui lui résiste : c'est la première condition du progrès social, le fondement de tout le droit extérieur et intérieur. L'Etat universel, monarchie ou république n'importe, l'Eglise universelle ne peuvent avoir pour résultat qu'une décadence universelle aboutissant à la mort, si rien n'arrête la Société sur la pente où elle roule. La condition de la vie, au contraire, c'est le contrepoids, l'équilibre des puissances en droit international, l'antagonisme des pouvoirs en droit constitutionnel. La vie, c'est la lutte ; la paix absolue ne se trouve qu'au cimetière.

Les hommes, individus et groupes d'individus, se trouvent en présence, dans la nécessité de se tenir réciproquement en échec sans s'anéantir. A bien des égards, l'anéantissement moral de l'asservissement a les mêmes effets que l'anéantissement physique ; il supprime l'opposition en supprimant la volonté. La Société peut se comparer à une voûte dont les claveaux se soutiennent les uns les autres par leur résistance. Respecter et se faire respecter, c'est le résumé de la morale, la condition de la coexistence. Il s'établit de la sorte un mode de vivre qu'on appelle la paix, lequel attentivement considéré est encore un état de guerre, il est vrai de guerre circonscrite et faite à armes courtoises. On confond souvent la véritable paix qui résulte du respect réciproque avec l'état de choses qui a son origine dans la soumission absolue de l'une des parties à l'autre. Ces deux régimes sont pourtant essentiellement différents ; l'un fonde une société viable, susceptible des plus grandes destinées, l'autre produit l'oppression. Or, à moins d'insurrections victorieuses et salutaires, l'oppression aboutit, par les raisons développées plus haut, à l'avilissement complet non seulement des vaincus, mais des vainqueurs eux-mêmes.

La guerre naît d'abord du caractère exclusif de certaines jouissances. Le même pain ne peut nourrir deux hommes ; un pays exploité d'une certaine manière n'entretient qu'un certain nombre d'habitants. La faim nous pousse à nous entre-dévorer ou, tout au moins, à nous entre-dépouiller.

Ce ne sont pas seulement les fruits de la nature, mais aussi les produits de l'industrie qui sont l'occasion de compétitions et de spoliation ; l'homme ne peut pas satisfaire ses besoins, accomplir sa destinée sans l'assistance des autres hommes.

Ce n'est pas tout : les hommes pouvant se faire plus de mal dans l'opulence que dans la misère, la prospérité de l'un constitue une menace pour l'autre. Aussi cherche-t-on souvent à nuire au prochain uniquement pour l'affaiblir. Ce mobile, qu'on appelle par un euphémisme plus heureux qu'exact l'amour de l'égalité, contribue pour beaucoup à la guerre internationale, et surtout à la guerre sociale. Il constitue un danger particulièrement grand pour les classes privilégiées. Plus on est heureux, plus on est exposé ; il faut se faire pardonner son bonheur en le faisant partager. Aussi les nations et les familles qui occupent le sommet de l'échelle compromettent-elles non seulement leur développement, mais leur existence en s'isolant. La liberté politique et la civilisation doivent se propager ou périr, augmenter le nombre de ceux qui sont intéressés à les défendre, ou succomber sous la masse toujours croissante des ennemis que leur suscite l'envie. Cette passion force les hommes à sortir d'un isolement dans lequel leur destinée ne peut pas s'accomplir. La guerre est vraiment la forme primitive du commerce, forme assurément défectueuse, mais qui n'en a pas moins le mérite de frayer les voies aux autres. Elle fait comprendre aux hommes que s'ils ne se font pas mutuellement du bien, ils doivent attendre du mal les uns des autres. Comme la souffrance en général, la guerre est un appel à un état meilleur.

L'impossibilité de vivre dans l'isolement se fait sentir sous des formes très diverses. Les hommes sont solidaires les uns des autres ; les actes de mon voisin peuvent être une cause de souffrance pour moi ; j'ai lieu de m'inquiéter de ce qu'il fait, de lui prescrire peut-être sa conduite ; mon voisin se trouve dans la même position vis-à-vis de moi. C'est une des sources de guerre les plus fécondes.

Nous en avons une autre dans la nécessité d'avoir une action publique pour mieux satisfaire les besoins communs, un ordre social pour régler les relations des hommes. Chacun cherche à s'emparer de cette action publique pour la diriger dans le sens de ses intérêts particuliers. Ici encore, la position se trouve aggravée par l'ignorance et l'étroitesse de vues. On fait du mal au prochain en voulant son bien, mais en le voulant d'une certaine manière que l'on croit bonne et qui peut ne pas l'être. Telle est l'origine des divers fanatismes qui voudraient pénétrer dans le sanctuaire des consciences pour leur prescrire ce qu'elles ont à croire, du fanatisme d'un St Dominique comme de celui d'un Robespierre. En agissant de la sorte, on dépasse le but; on annihile l'individu, qui est pourtant le seul siège de la conscience et d'une véritable volonté, le but et le principal moyen de toute vie sociale; l'intérêt général n'est que la coïncidence des intérêts individuels.

Du reste, la guerre a dans la destruction du mal un motif permanent, dont l'importance grandit même, en un certain sens, de jour en jour. L'intensité croissante des relations, les progrès de la conscience et de la délicatesse, l'intelligence des intérêts et de leur divergence, fournissent de nouvelles causes d'hostilité. Jésus apporte au monde, non la paix, mais l'épée. Par le fait d'autres circonstances qui agissent en sens opposé, l'hostilité s'efface dans les actes, tout en se maintenant dans les dispositions. On se voit enlever les moyens de vengeance les plus énergiques ; on compense cette perte par un redoublement de vigilance ; on se défie des autres, tout en cherchant à leur inspirer confiance.

La principale cause de la guerre est peut-être la mauvaise foi native de l'homme et les précautions auxquelles elle oblige. La bonne foi ne se trouve que chez un petit nombre de natures épurées. La guerre et l'exclusisme auront probablement toujours leur place, sous une forme ou sous une autre. Il est des gens avec lesquels une paix sérieuse est impossible.

Ce dernier motif de guerre nous ramène aux motifs de paix ; il nous rappelle que les peuples civilisés et les gens bien élevés ont besoin les uns des autres pour se soutenir mutuellement contre les barbares et les malappris, comme les hommes en général pour établir leur domination sur les forces de la nature. Chacun doit restreindre ses prétentions pour faire place à ses alliés. Il résulte de tout cela que les relations des hommes entre eux ne peuvent pas être indifférentes ; il faut qu'elles soient hostiles ou positivement amicales. Le cours naturel des choses amène des conflits ; il faut de l'art et de l'effort pour les éviter ou les terminer, pour réaliser les aspirations de l'homme vers la paix. Le point de départ de l'histoire, c'est la guerre de tous contre tous; et le premier pas vers un état meilleur, c'est la régularisation de la guerre, ce sont les ménagements que les belligérants gardent les uns vis-à-vis des autres.

C'est en raison des services que les hommes attendent les uns des autres qu'ils se ménagent, se font place, se reconnaissent réciproquement des droits, comme on dit. Ce n'est pas par le fait que nous existons que nous avons un droit à l'existence, mais uniquement parce que nous sommes en état de faire du bien à notre prochain. Celui qui n'est bon à rien, qui constitue pour la Société une charge sans compensation doit être anéanti. L'extermination est, dans le principe, l'accomplissement d'un devoir et non pas l'application d'un droit. Il faut se rappeler seulement que l'homme est faillible, qu'il lui arrive d'arracher l'ivraie avec le bon grain et que le cours des choses est souvent le meilleur des justiciers.

Le conflit des forces d'attraction et de répulsion aboutit à grouper les hommes en sociétés diverses, dans l'intérieur desquelles règne une paix au moins relative, alors que la guerre sévit au dehors. On ne peut échapper à l'anéantissement qu'en se soumettant à certaines conditions. L'homme est tenu, sous peine de mort, de se faire respecter, d'augmenter sa force réelle et sa force apparente. Dans notre monde comme dans l'enfer du Dante, on ne compte pas avec les êtres sans vertu ni valeur, dont il n'y a rien à craindre ni rien à espérer, parce qu'ils ne sont capables ni de bien ni de mal. On les regarde et l'on passe outre. Ils ne tardent pas à disparaître, parce qu'ils n'ont pas de raison d'être, parce qu'il n'y a pas de motif pour leur faire place. Or cette incapacité toujours fatale, alors même qu'elle n'est pas imputable, est le fait de tous les êtres isolés. Eût-il la meilleure volonté du monde, celui qui est seul ne peut rien et doit être anéanti. Les nations de l'antiquité se reconnaissent mutuellement des droits, mais elles ignorent complètement les individus qui ne se mettent pas sous la protection de l'une ou de l'autre d'entre elles. Il a fallu l'avènement de l'Eglise catholique, d'une société qui aspire à devenir universelle et, par conséquent, internationale, pour faire cesser cet état de choses.

Les premières sociétés étant un préservatif contre la guerre, elles seront d'autant plus étendues que le danger sera plus grand. On a prétendu que si les Polynésiens ne vont guère plus d'une quinzaine ensemble, alors que les nègres du continent africain forment des tribus considérables, c'est que les îles de l'Océanie ne contiennent pas de bêtes féroces de grande taille.

On voit que, dans l'origine, il n'y a que des groupes d'individus qui puissent avoir des droits. En d'autres termes, les premières personnes sont collectives. Nécessairement aussi, elles sont imparfaites, parce que l'individu seul remplit complètement certaines conditions de la personnalité. Le caractère des personnes réagit forcément sur leurs attributions. Les premières institutions, possessions, dettes, créances, sont aussi collectives et mal définies. Mais ces ébauches monstrueuses, qui s'opposent les premières aux forces de la nature, seront le siège d'une élaboration plus minutieuse. Les individus pourront alors prendre le caractère de personne auquel ils sont destinés et les institutions se préciseront. Mais elles porteront longtemps encore l'empreinte des circonstances au milieu desquelles elles sont nées et auxquelles elles ont dû s'accommoder à l'origine, le cachet de la guerre. Car la guerre, c'est le chaos; la paix, le droit, la société, c'est le monde qui s'organise au souffle de l'esprit créateur.

CHAPITRE II.

La Force, la Foi, la Loi.

I. *La Force.*

Le droit est la règle des relations humaines. Il a pour but d'éviter les conflits entre les volontés; les conflits sont amenés par le fait que chaque être vivant s'efforce d'élargir de plus en plus sa sphère d'action, tant qu'il n'est pas arrêté par quelque obstacle extérieur. Il en résulte entre les volontés des collisions toujours fâcheuses. Chacun est poussé, par le désir de se maintenir et de se développer soi-même, à nuire à son voisin. De là des souffrances et des destructions que l'on cherche à éviter au moyen du droit.

Les relations des hommes entre eux se règlent d'abord suivant le cours naturel des choses. Les volontés, infinies dans leurs aspirations, sont bornées et inégales quant à leurs moyens d'action. L'une d'elles doit généralement plier devant l'autre, non sans dommage des deux côtés. Il se fait donc, par la proportion des forces, un premier règlement, très défectueux assurément, mais qui est le point de départ et le fondement indispensable de tous

les autres. Il convient, par cette raison, de s'y arrêter quelque temps.

Tant qu'elles restent à l'état de purs désirs, les
intentions et les prétentions ne se gênent pas réciproquement. Lors même qu'une seule personne
peut occuper une place, tout le monde peut se proposer d'y arriver. C'est la réalisation seule qui fait
naître des conflits et qui a besoin d'être réglée. Si
un seul homme faisait absolument tout ce qu'il
voudrait, il n'y aurait place que pour lui, et même
il ne tarderait pas à se détruire lui-même. Or, le
monde se compose d'une pluralité de créatures qui
ont besoin les unes des autres, et qui pour cette
raison doivent tout à la fois avoir leur place et se
limiter pour laisser de la place aux autres. Nous
venons de voir que les limites sont déterminées
par les moyens de réalisation. En d'autres termes,
les intentions ne sont respectables qu'en tant
qu'elles sont réalisables. Cette règle générale, dont
le détail présente assurément ses difficultés, donne
la clef d'importantes institutions juridiques, de
la théorie du blocus, par exemple, et de celle
de la possession du droit romain. La possession
suppose, on le sait, deux éléments, l'*animus* et le
corpus ; elle cesse dès que l'un ou l'autre fait
défaut. L'*animus* est l'intention, l'élément positif de
la possession, celui qui détermine l'objet sur lequel
elle porte. Le *corpus* est la réalisation, ou plus

exactement la possibilité de réaliser ; c'est un élément négatif qui indique les bornes du droit ou, si on le préfère, du fait à respecter. Il n'y a pas de possession sans *animus*, parce qu'on n'a pas à tenir compte d'une intention qui n'existerait pas. Il n'y a pas de possession sans *corpus*, parce qu'une intention n'a droit au respect que dans la mesure dans laquelle elle est réalisable. Or, on sait que la possession est le point de départ de la propriété et des autres droits sur les choses.

Les relations des hommes entre eux se réglant d'abord par la proportion des forces respectives, le premier devoir de chacun c'est de se rendre compte de ce qu'il peut et de ce qu'il ne peut pas, des cas où il peut résister et de ceux où il sera forcé de céder. Il faut non seulement savoir prendre sa place, mais choisir son terrain ; car tel qui sera le dernier dans un domaine pourra fort bien se trouver le premier dans un autre.

Cette obligation de savoir prendre sa place joue un grand rôle dans la vie publique et privée. Celui qui fait une entreprise au-dessus de ses forces commet une faute et doit en porter les conséquences ; les battus paient l'amende. Un tel régime, qui se résume en ces mots : Malheur aux vaincus, et qui s'appelle la barbarie, aboutit à l'extermination des uns et à l'isolement des autres. Il ne profite à personne, pas même à ceux qui sortent vainqueurs de la mêlée. Car les hommes ont besoin les uns des autres, matériellement et moralement. L'individu qui serait absolument seul périrait, et celui qui ne rencontrerait pas de résistance chez ses semblables finirait par être pris de vertige. Il se développerait d'une manière exclusive, et ne tarderait pas à perdre l'équilibre. Chacun de nous, en effet, a besoin de compléter ses lumières et ses expériences par celles d'autrui.

Ainsi, dans la lutte pour l'existence que nous soutenons contre nos semblables, comme ailleurs, il est des choses que nous pouvons faire, et dont il est cependant de notre intérêt de nous abstenir. La limite de notre pouvoir n'est pas la seule que nous ayons à observer; il faut faire connaissance avec celle du devoir. En d'autres termes, la force n'est pas le droit; elle n'est pas le dernier mot de l'art de régler les relations humaines.

De nouveaux sacrifices vont être imposés, qui seront, il est vrai, richement compensés. Nous avons besoin des autres et nous devons leur faire place, mais les autres ont besoin de nous. Si nous savons nous rendre nécessaires, nous trouverons des alliés qui, dans leur propre intérêt, mettront à l'occasion leurs forces à notre disposition. Avec leur aide, nous triompherons d'ennemis qui nous sont très supérieurs. A l'ère de la justice propre, où chacun est réduit à ses seules forces, va succéder

celle de la justice sociale où, dans certaines conditions au moins, nous sommes protégés par la Société. Nous verrons même la Société enlever aux
particuliers, pour s'en réserver le monopole, le
droit de se défendre les uns contre les autres, au
moins toutes les fois que les mesures défensives
prennent des proportions considérables.

Pour se faire une idée juste de cette transformation, de ses avantages et de ses dangers, il ne
faut pas perdre de vue que le nouveau régime doit
se superposer à l'ancien, mais non pas s'y substituer.
La Société doit développer l'individu et non l'a-
moindrir, car elle a plus besoin de lui que lui
d'elle. L'individu est l'élément fécond, positif; la
Société n'est que l'ensemble des rapports des individus entre eux ; elle ne peut rien sans eux. Aussi
l'individu doit-il compter en première ligne sur lui-
même ; s'il ne se garde pas, la Société ne saurait le
garder ; elle ne le dispense que de l'emploi des
grands moyens. Il ne faut pas croire que la Société
se développe au détriment de l'individu, comme
on l'admet souvent ; c'est le contraire qui est vrai.
Les deux éléments s'appuient l'un sur l'autre pour
s'élever de plus en plus haut. La Société ne doit
prendre à l'individu d'un côté que pour lui rendre
beaucoup plus de l'autre. Quand la Société n'est
pas encore organisée, les hommes vivent sous le
régime de la communauté et de la promiscuité.

Au fur et à mesure que les institutions politiques se définissent, on donne à chacun sa sphère d'action et sa part de jouissances distinctes. Cette tendance est tout à fait évidente dans le droit civil ; elle existe aussi dans le droit public, bien qu'elle y soit moins comprise et qu'elle ait plus de peine à y faire son chemin. Dans l'un des domaines comme dans l'autre, tout changement dans le sens d'une confusion des attributions est un signe non équivoque de décadence morale.

Ainsi, sous la protection de l'organisme social, l'individu se développe, prend conscience de lui-même et de ses besoins. Ses exigences augmentent. Bientôt chacun veut avoir, matériellement et moralement, son sanctuaire intime, à l'abri de toute immixtion étrangère ; un simple regard constitue souvent une profanation. Ces exigences sont légitimes, car la pureté est à ce prix. Aussi les âmes délicates se montrent-elles ici les plus difficiles, et ressentent-elles souvent les indiscrétions et les familiarités déplacées plus vivement que des injures beaucoup plus graves. D'autre part, l'extrême de la dégradation consiste à livrer à tout venant son corps et, qui pis est, son âme.

Ce besoin d'intimité, d'intimité morale surtout, ne peut se satisfaire qu'au moyen de minutieuses précautions défensives et d'une vigilance de chaque instant. Les grands moyens sont à la fois impuissants et impossibles. On peut en dire autant de l'intervention sociale. D'une manière plus générale, il faut toujours que ce soit l'individu qui prenne l'initiative de sa propre défense. La Société ne fait guère que mettre à sa disposition, dans certains cas, de grands moyens dont elle se réserve le monopole, mais elle ne le dispense pas, bien s'en faut, de veiller lui-même à son salut. *Jura vigilantibus scripta.* Ainsi la guerre reste toujours au fond des relations humaines. Nous apprenons à la mieux faire, avec beaucoup moins de frais et plus de fruits ; mais il ne faut pas s'imaginer la voir complètement disparaître, parce que la guerre est une épuration nécessaire ; il faut qu'elle aussi ait sa place. Voyons comment il faut concilier la guerre et la paix, l'indépendance de l'individu et les droits de la Société.

II. *La Foi.*

Les hommes pouvant toujours se nuire les uns aux autres, ménager celui que je puis exterminer, c'est lui donner la faculté de me faire tort. On ne doit donc ménager que ceux de qui on peut attendre quelque bien, capable de compenser le tort possible. Laisser vivre quelqu'un, en d'autres termes, c'est lui donner une preuve de confiance, c'est lui faire crédit. Or la confiance peut être tromée; le crédit est un mal nécessaire, moindre en général que celui de la guerre, mais qu'il n'en faut pas moins réduire au minimum, en acceptant au besoin un certain isolement.

Un des dangers de la confiance que j'accorde à autrui, c'est de m'exposer à perdre mon crédit, à perdre la confiance que les autres peuvent avoir en moi. On ne peut, par exemple, pas toujours prévoir la portée des engagements que l'on prend. Des divergences d'interprétation peuvent toujours surgir au moment de l'exécution. On est alors exposé à passer pour un homme sans parole; on est ainsi puni de s'être mal expliqué ou de s'être commis avec un homme de mauvaise foi ou tout au moins indélicat. En pareil cas, on doit souvent, pour sauver son crédit vis-à-vis des tiers, s'exécuter à l'égard de gens qui ne le méritent évidemment pas, et avec lesquels on doit cesser ensuite les relations. Car s'il est permis de ne pas s'engager, il ne l'est pas de manquer à ses engagements.

D'autres considérations toutefois viennent tempérer la rigueur de cette règle. Il est convenable que ceux qui abusent de la confiance soient punis; et le châtiment le plus naturel, le plus propre à éviter le retour de la faute en mettant en évidence les conséquences qu'elle entraîne, consiste à empêcher l'exécution de l'engagement. L'intérêt public, qui milite dans ce sens, trouve malheureusement des alliés trop complaisants dans le désir que peut avoir le débiteur de se dispenser de payer; et son importance s'en trouve exagérée, au grand détriment du sens moral. Mais le but théorique que je poursuis dans ce moment, m'oblige à faire abstraction de ces considérations secondaires, comme on devrait toujours le faire dans la pratique. On se trouve donc en présence de deux exigences opposées : l'intérêt public, qui réclame la non-exécution, et l'intérêt particulier bien entendu, qui veut l'exécution pour sauver le crédit du débiteur. On concilie ces deux termes par divers procédés que je renonce à expliquer ici. Il me suffit d'avoir montré les dangers de la confiance, la prudence avec laquelle on doit procéder sur ce terrain, si l'on ne veut ni laisser abuser de son crédit, ni donner lieu d'en douter.

Dans les sociétés primitives, le crédit est rendu très difficile par l'insuffisance des garanties. On n'a pas besoin d'inspirer confiance aux autres quand on peut se passer d'eux. Quand il n'y a pas encore de pouvoirs sociaux constitués, on ne peut prêter qu'à ses inférieurs, à ceux qu'on est en mesure de châtier soi-même, s'ils manquent de parole. Les premiers débiteurs sont des clients. Quand on ne peut pas se faire justice, il faut renoncer au commerce avec autrui, accepter l'isolement ou consentir à aliéner une partie de son indépendance. Ceux qui prennent ce dernier parti sont les plus sages, car ils sont amplement dédommagés de ce qu'ils sacrifient d'un côté par ce qu'ils gagnent de l'autre. La Société n'est pas autre chose qu'un système de dépendance réciproque que les hommes acceptent les uns à l'égard des autres. Cette dépendance s'établit par les moyens employés dans la lutte pour l'existence. Chacun cherche à se soumettre les autres et à n'être point soumis. L'établissement de relations commerciales est donc l'occasion de nouvelles guerres. Les peuples marchands sont des peuples conquérants. Les Carthaginois et les Anglais en sont les exemples les plus remarquables, mais non pas les seuls.

La guerre pour la préséance ou, comme on dit, pour l'empire prend un autre caractère que la lutte pour l'existence; elle est plus courtoise, se fait entre adversaires qui s'estiment, se ménagent et veulent seulement obtenir quelques avantages les uns à l'égard des autres. Le nouveau régime qui s'établit, qui rappelle la barbarie par certains côtés, tout en s'en distinguant nettement par d'autres, est connu sous le nom de féodalité, mot qui, suivant certains auteurs, viendrait de *fides*, foi. Cette étymologie peut n'être pas la plus exacte, philologiquement parlant; mais elle est la plus caractéristique, celle qui rend le mieux compte de notion correspondante.

La féodalité, qui n'est, du reste, qu'un régime d'exception et de transition, ne se substitue pas à la barbarie, elle s'y superpose. Tout le monde ne mérite pas également confiance. Il est des êtres qu'il est nécessaire d'exterminer; il en est d'autres qu'il convient de priver de leur indépendance, et d'autres encore auxquels on peut la laisser. La guerre reste barbare vis-à-vis des premiers; elle est féodale, à des degrés divers, vis-à-vis des deux autres catégories, qui ne se distinguent que par accident. Chacun cherche à maintenir son autonomie et à priver à son profit les autres de la leur. Les uns réussissent, les autres échouent. C'est ainsi que se produisent les médiatisations, si douloureuses pour ceux qui les subissent, et pourtant nécessaires à l'avènement de la justice. On voit que les usurpations et les conquêtes, bien que ne se distinguant souvent des crimes que par leurs proportions plus considérables, n'en jouent pas moins un rôle important dans la constitution de la Société. Il a fallu l'asservissement du monde ancien pour produire le droit romain; la suprématie du Saint-Siège sur l'Occident pour créer le droit canon. En France, la royauté, dans sa lutte contre l'ultramontanisme et la féodalité, n'a pas eu d'alliés plus zélés que les jurisconsultes. La médiatisation est une neutralisation partielle de la force par la force. Elle consiste à priver certaines personnes de leur droit de vengeance, de justice et de guerre au profit d'autres personnes. Les abus de la force ne sont pas supprimés; ils sont au moins notablement restreints, surtout par la raison que voici.

Dans la lutte des forces morales, il faut distinguer les intentions et les moyens d'action. Il est à désirer que les forces les mieux intentionnées l'emportent et se subordonnent les autres. Mais on n'atteint ce but qu'avec beaucoup d'art et d'effort. Dans les débuts, le cours naturel des choses donne l'avantage aux plus puissants moyens d'action, fussent-ils même au service des plus mauvaises intentions. Il est vrai que la position pourra se modifier par le fait que l'excellence de l'intention est, elle aussi, un moyen d'action; un moyen inhérent à l'intention et, par conséquent, permanent. Les autres, au contraire, sont accidentels, passent avec le temps, ou cessent quand on change de terrain. Ici, comme ailleurs, une force moindre, mais persévérante, finit par triompher d'une force supérieure, mais inconstante.

Le simple fait de la médiatisation opère sur ce point une transformation considérable, généralement favorable, bien qu'elle ne soit pas sans dangers. Dans l'état de nature, les loups mangent les moutons; quand l'homme a établi sa domination, il extermine les bêtes féroces pour propager les animaux utiles. De même, en cas de conflit entre deux inférieurs, leur supérieur commun peut donner la préférence au mieux intentionné sur le plus dangereux.

La médiatisation exerce aussi une influence salutaire sur les souverains. En diminuant leur nombre pour augmenter celui des sujets, elle affaiblit les uns, elle fortifie les autres, surtout en créant chez les derniers une solidarité auparavant inconnue, en leur enseignant à agir de concert. Bientôt les peuples sont mis en demeure de choisir leurs princes, au lieu de les subir. Quand une domination devient trop pénible, on la renverse pour en substituer une autre. Les peuples prennent possession d'eux-mêmes, leurs exigences grandissent avec leurs forces; ils peuvent, eux aussi, donner aux intentions la préférence sur les moyens d'action.

Il ne suffit plus désormais au souverain de s'imposer par la force. Une domination qui n'aurait pas d'autre raison d'être ne pourrait ni s'étendre, ni durer. Tout autres seraient les perspectives du souverain qui saurait se faire l'homme de confiance de son peuple, faire accepter, rechercher même sa domination, en raison des avantages qui s'y trouvent attachés.

Le souverain, c'est celui qui a conservé le droit de justice, et qui l'exerce dans sa propre cause et dans celle de ses ressortissants. Sa fonction essentielle, dont toutes les autres dérivent, c'est l'administration de la justice, la délimitation des deux sphères de la confiance et de la défiance, délimitation qui est le premier pas à faire pour étendre l'une au détriment de l'autre. Il est un distributeur du crédit, l'appréciateur de ceux qui le méritent et de ceux qui ne le méritent pas, et l'exécuteur des mesures à prendre contre ces derniers; de là le commandement militaire. Le souverain devient ainsi le créateur du crédit public, de cette confiance que les membres d'une même société s'accordent réciproquement. On le charge de cette fonction, ce qui est la plus grande confiance qu'on puisse accorder à un homme. Pour qu'il puisse s'en acquitter, on consent à sa domination, on l'investit des pouvoirs nécessaires. Mais on le rend responsable de l'usage qu'il en fait, on s'en prend à lui de toutes les injustices qui se commettent dans son ressort. D'immenses devoirs lui incombent, et de sévères châtiments l'attendent s'il les néglige. Il sera exposé le premier aux fureurs d'un peuple dont on a trompé la confiance, ou qui se l'imagine. Le peuple disposant d'un pouvoir matériel très supérieur à celui du souverain, la fonction de ce dernier est très périlleuse; il faut une dose exceptionnelle de lumières pour s'y maintenir. Cette circonstance constitue un important élément de progrès: elle amène une épuration chez les souverains, elle les oblige à faire de grands efforts pour s'acquitter de leur mandat, ou à céder leur place à d'autres.

On voit que les rapports de souverain à sujets sont des rapports de confiance réciproque. Cela n'empêche pas la personne du souverain d'être désignée par l'issue d'une lutte pour l'indépendance; il faut lutter pour se maintenir à ce poste, il faut que le peuple lutte, nous allons le voir, pour être bien gouverné. C'est la guerre qui constitue la société politique, c'est aussi la guerre qui la conserve.

III. *La Loi.*

Tout n'est pas fini quand on a institué des souverains. Les circonstances changent et se compliquent; les souverains peuvent se corrompre; les exigences du peuple augmentent, quelquefois pour devenir déraisonnables. Parmi les causes des difficultés qui surgissent, il en est une qui mérite une attention spéciale.

La distinction couramment admise entre le pouvoir temporel et le pouvoir spirituel a sa source dans les différents moyens par lesquels s'opère la médiatisation. Les deux pouvoirs, comme les deux faces d'un même objet, se distinguent bien, mais ne se séparent guère. Dans la pratique, ils se confondent toujours plus ou moins, mais il y en a presque toujours un qui a la prédominance sur l'autre.

La médiatisation spirituelle est moins brutale, plus insinuante, moins douloureuse que l'autre ; elle exerce aussi beaucoup plus d'influence, soit en bien, soit en mal. C'est d'elle surtout que nous devons nous occuper ici.

Pour empêcher les gens de se faire justice à eux-mêmes, pour établir l'unité dans la réglementation des relations humaines, on croit devoir mettre des bornes aux idées particulières que chacun se fait sur ce qui est juste et injuste. On se laisse entraîner à combattre la liberté de pensée sur certains points, qui se trouvent être les plus importants de tous. C'est ainsi, dans l'intérêt de l'administration de la justice, qu'on est conduit au système de l'obscurantisme, qui facilite beaucoup les choses au premier moment, mais qui prépare pour l'avenir les plus graves dangers. Un des fruits de ce système consiste dans un développement des croyances religieuses très rapide, très considérable, mais superficiel et fragile. On oublie, en particulier, que la foi dans les idées ne peut jamais être que la conséquence de la foi dans les personnes, en nous-mêmes ou en d'autres. Bientôt les intelligences sont livrées à des idées empruntées, à l'exclusion des idées originales. Or des croyances empruntées se faussent nécessairement, comme les plantes s'abâtardissent quand on les transporte dans un terrain qui n'aurait pas pu les produire.

La médiatisation morale est un mal nécessaire, parce que l'immense majorité des hommes n'est pas capable de comprendre les principes complexes et abstraits de la justice, et doit les accepter de confiance. Mais il en est de l'esclavage de l'intelligence comme de celui du corps; il faut les subir; il faut même quelquefois s'en servir, mais il ne faut pas cesser de travailler à les supprimer, ou tout au moins à les restreindre. Les Sociétés qui les favorisent pour faciliter leur tâche ruinent leurs propres fondements, creusent sous leurs pieds un gouffre dans lequel elles s'abîmeront tôt ou tard.

Un certain degré d'obscurantisme a donc toujours semblé nécessaire aux conducteurs du peuple. Ceux-ci, malheureusement, ont une tendance à dépasser la mesure, et c'est ainsi que naît la démagogie, la noire d'abord, puis la rouge qui n'est que la caricature de la première.

Le jour toutefois doit se faire tôt ou tard. L'expérience et la tradition se contredisent, amènent des déchirements au sein des populations, et même dans la conscience des individus. Cet état de choses, auquel les peuples arrivent par des chemins très différents, réagit d'une manière très fâ-

...cheuse sur l'administration de la justice. Le peuple n'a plus confiance dans ses juges. Une fois que l'on soupçonne les croyances religieuses de n'être que des mystifications destinées à faciliter l'oppression, on n'y trouve plus les garanties qu'elles présentaient autrefois contre les abus de pouvoir. Il faut les remplacer par autre chose, et c'est ainsi qu'on est conduit à formuler la loi.

La loi est proprement un traité entre deux puissances ou deux pouvoirs. L'application qui nous intéresse le plus pour le moment, c'est le traité qui intervient entre un peuple et l'homme qu'il met à sa tête. A Rome, la loi est destinée dans le principe à déterminer les pouvoirs des rois, et plus tard des magistrats; c'est une précaution prise contre les abus de confiance, pour les rendre, sinon impossibles, du moins plus ostensibles et par là plus difficiles.

La loi, du reste, est un de ces progrès qui en appellent bientôt d'autres pour les compléter. Un prince qui violerait effrontément ses engagements serait bientôt renversé par son peuple, à moins que celui-ci n'ait perdu tout sens moral. Mais la question n'est pas toujours aussi simple. Le texte de la loi peut donner lieu à des controverses où les parties gardent au moins les apparences de la bonne foi. Il est à désirer que le débat puisse être soumis à un tiers, pourvu de connaissances spéciales que la masse du peuple ne peut pas avoir. Il faut que le peuple, dans ces moments critiques où il se croit à tort ou à raison abandonné, trahi peut-être par son guide ordinaire, trouve un autre conducteur qui l'éclaire, fasse renaître la confiance quand ses défaillances ne sont pas fondées, mais le fasse persévérer dans sa résistance quand elle est légitime. Il faut un second juge, subordonné au premier dans un certain sens, intéressé par conséquent à ce qu'il fasse un bon usage de ses pouvoirs, et pourtant indépendant de lui, placé même au-dessus de lui à d'autres égards. C'est ainsi qu'on est conduit au principe encore peu compris de la séparation des pouvoirs, de la distinction du temporel et du spirituel. L'élément essentiel de la séparation des pouvoirs, c'est la nécessité pour le peuple de partager sa confiance entre plusieurs mandataires capables de se tenir mutuellement en échec, et de se compléter les uns les autres. C'est le seul moyen de suffire aux exigences considérables et complexes d'une civilisation avancée, à tous ces besoins dont les conditions de satisfaction sont contradictoires. On peut donner aux mandataires une grande liberté d'action, chacun dans sa sphère, en leur assignant des limites précises qu'on ne leur permet pas de franchir. On s'assurera de la sorte les avantages des gouvernements absolus, la souplesse et l'énergie, sans en avoir les inconvéniénts. La fixation des limites ne peut se faire que par une loi, par un acte du peuple lui-même, au moment où il donne sa confiance. Le système de la limitation des pouvoirs par la loi n'est pas autre chose que la légitimité, dans l'acception primitive du mot : ce sont les Romains qui ont opposé l'*imperium legitimum* à l'*imperium absolutum*.

Seulement, la loi ne suffit pas. Il faut prendre des mesures pour qu'elle ne soit pas violée. Il est nécessaire d'opposer autre chose qu'une limite idéale à la tendance inhérente à tous les pouvoirs d'élargir indéfiniment leur sphère d'action; pour arrêter une force, il faut une autre force.

On voit que le principe de la légitimité et celui de l'antagonisme des pouvoirs sont inséparables, comme les deux faces d'un même objet. Les pouvoirs constituent l'élément positif; la loi qui leur assigne leurs limites réciproques, l'élément négatif. Ce système n'est au fond qu'une guerre, organisée entre les diverses fonctions de la société de manière à faire le plus de bien et le moins de mal possible.

La notion de légitimité est généralement mal comprise. On en fait le synonyme de monarchie héréditaire, de droit divin ; elle en est pourtant l'antipode à certains égards et à certaines époques de l'histoire. Il est vrai qu'à d'autres points de vue, à d'autres époques, la confusion s'explique et même se justifie. En effet, la légitimité détruit les inconvénients de la monarchie héréditaire pour n'en plus laisser subsister que les avantages. C'est pour cela que dans les pays dont les institutions sont perfectionnées et très compliquées, les deux principes sont souvent combinés.

On croit aussi que les différents pouvoirs appelés à se contrebalancer ne sauraient être que des fonctions publiques. Rien n'est plus faux. Il y a toujours lieu de craindre que les fonctionnaires ne s'entre-aident dans leurs abus et leur oppression, et que la séparation des pouvoirs ne devienne une illusion doublement dangereuse par la fausse sécurité qu'elle entretient ; l'expérience ne justifie que trop ces craintes. La résistance la plus efficace est celle qui vient des particuliers dépourvus de tout caractère officiel. Pour avoir un gouvernement qui marche bien, il faut le reléguer dans la sphère qui lui est propre ; il faut surtout l'empêcher d'employer ses ressources à rendre aux particuliers toute concurrence impossible dans des carrières qu'ils fourniront mieux que lui : sinon, il se passera quelque chose d'analogue à ce qui a lieu pour l'esclavage et le travail libre. Ce dernier est incomparablement plus productif que le premier, et cependant il ne peut pas en soutenir la concurrence, parce que partout où l'esclavage existe, il se trouve protégé sans qu'on s'en doute.

Tous les gouvernements abusent de leur pouvoir et se corrompent lorsqu'ils ne sont pas incessamment tenus en éveil par la résistance de leurs ressortissants. Le danger est d'autant plus grand qu'il est moins apparent. Lors même que dans un certain sens ils représentent le peuple, les gouvernements sont pourtant toujours constitués par une aliénation que le peuple fait de sa propre souveraineté au profit de certains individus, lesquels ont une tendance indélébile à se servir, pour leurs intérêts particuliers, des pouvoirs publics dont ils sont revêtus. L'idée que le gouvernement représente le peuple sera toujours, par certains côtés, une fiction. Il faut toujours se défier des conséquences qu'on en fait sortir.

C'est une erreur de vouloir dresser une liste complète et définitive des pouvoirs gouvernementaux et sociaux. La loi de spécialisation croissante trouve ici son application. A l'origine des sociétés, tous les pouvoirs, confondus comme dans un germe, se trouvent réunis chez la même personne. Plus tard, les exigences de la vie augmentent; il faut développer l'organisme social afin d'y suffire. Pour s'acquitter de toutes les fonctions publiques, il faut plusieurs individus qui, d'abord subordonnés à l'un d'entre eux, se rendent graduellement indépendants, finissent même par perdre complètement tout caractère officiel. Beaucoup d'entreprises qui ont eu besoin dans leur enfance de la protection de l'autorité, ne peuvent se développer, arriver à maturité sans briser la coquille de l'œuf qui leur a servi de berceau.

La ramification se poursuit de la sorte sans qu'il soit possible de lui assigner un terme. On a dit que la presse était le quatrième pouvoir de l'Etat, le dernier venu, et peut-être le premier quant à l'importance. Mais la presse est moins un pouvoir qu'un système de pouvoirs, lesquels doivent se faire mutuellement opposition. Il faut que les différents points de vue et les différents intérêts y soient représentés. Mais cela ne suffit pas. Les théories présentées à propos des problèmes pratiques sont toujours sujettes à caution, toujours nécessairement altérées, quand elles ne sont pas intentionnellement dénaturées. Les hommes d'action des divers partis peuvent rectifier réciproquement quelques-unes de leurs erreurs. Mais il est des points dans lesquels ils dévient tous dans le même sens ; les hommes qui sont au pouvoir, ceux qui y aspirent et même ceux qui y ont passé ont tous un penchant naturel à exagérer le rôle de l'Etat. Pour neutraliser les erreurs de ce genre, les plus répandues et les plus enracinées de toutes, il faut des écrivains qui se tiennent systématiquement à l'écart des affaires et des questions d'application. Il y a certaines parties de l'éducation politique des peuples qui ne peuvent être faites que dans ces conditions.

On le voit : si la guerre est nécessaire pour constituer les sociétés, elle est nécessaire aussi pour les empêcher de se corrompre. Le peuple ne peut pas éviter de donner sa confiance, mais il doit la répartir de manière que ses mandataires le gardent les uns contre les autres. L'expérience montre que le seul moyen pour un peuple libre d'éviter la guerre brutale qui se déchaîne entre les factions, c'est d'organiser une guerre courtoise entre les différents facteurs du pouvoir social.

LIVRE II.

GUERRE, COMMUNISME ET COMMERCE.

CHAPITRE PREMIER.

Dans le domaine économique.

Après les moyens employés, examinons les résultats obtenus. Commençons par la face économique du problème, par les motifs de guerre qui ont leur source dans le besoin de richesses matérielles. Dans l'origine, la propriété exclusive est inconnue ; les choses sont à celui qui peut les prendre ; le monde est livré au pillage, lequel est un moyen de faire circuler les biens d'une main dans l'autre. Ce mode de vivre ne convenant à personne, le remède sort de l'excès du mal, sous la forme d'une communication volontaire. Quand, faute de sécurité ou des moyens de le conserver ou d'en tirer parti, on ne sait que faire de son superflu, on le donne à d'autres. On le fait sans rien demander immédiatement en retour, mais non sans un vague espoir de rémunération future, sous une forme ou sous une autre. Ces communications se font dans un certain cercle, très restreint à l'origine ; elles apprennent aux hommes à s'assister mutuellement, à combiner leur action. La production coopérative fait bientôt surgir de nouvelles complications.

Pour satisfaire les besoins de l'homme, il ne suffit pas de recueillir les dons de la nature ; il faut, comme on dit, produire, accommoder la matière à sa destination. La production est pénible, et doit être encouragée. Le meilleur moyen d'y arriver consiste à garantir à chacun la jouissance de son œuvre, ce qui implique la disposition exclusive de la matière à laquelle le travail s'est appliqué. Le sculpteur ne peut pas être propriétaire de la statue qu'il a faite, sans l'être aussi du marbre dans lequel il l'a taillée, bien qu'il n'ait pas fait le marbre. Telle est l'origine du principe des droits acquis, qui est dans l'intérêt de tous, bien que tous ne le comprennent et ne le respectent pas. Très simple en lui-même, il est d'une application très difficile, par le fait que la plupart des produits sont le résultat d'une coopération.

On simplifie la question en distinguant la direction de l'exécution. Les bénéfices et les pertes appartiennent à la direction, parce que c'est d'elle qu'ils dépendent. Les instruments d'exécution, qui se prêtent au bien comme au mal, et qui livrés à eux-mêmes font plutôt du mal, ont droit à une rémunération pour leur travail, comme les fournisseurs pour les matériaux qu'ils livrent, mais ils n'ont pas droit au produit. Ainsi circonscrit, le problème n'en reste pas moins complexe, par le fait qu'un même produit suppose un travail de direction de la part de plusieurs personnes différentes.

Les difficultés, heureusement, ne se présentent pas toutes à la fois. A l'origine de l'histoire, l'activité de l'homme se borne à la prise de possession, à l'occupation, comme on dit. Pour peu que l'objet à conquérir soit considérable, surtout s'il s'agit d'un territoire, l'occupation exige aussi la coopération, mais c'est la coopération simple, dans laquelle tous les associés remplissent la même fonction. Dans ces conditions, on n'a pas besoin de beaucoup de distinctions ni de subtilités juridiques. On vit plus ou moins sous un régime de promiscuité. Ceux qui ne paient pas de leur personne sont retranchés et le point d'honneur fait le reste. Les questions de répartition sont nulles ou insignifiantes. Mais un tel état de choses rend tout progrès impossible, et ne peut se prolonger ; il n'est applicable qu'à un cercle très restreint de gens qui se connaissent, se surveillent et sont prêts à retrancher le membre inutile ; il est impossible quand la société grandit, quand les fonctions se diversifient, les intérêts s'opposent, les besoins augmentent, quand l'opulence de jadis devient de la misère. Le communisme, d'ailleurs, n'a jamais eu de valeur absolue ; il ne peut pas s'appliquer à l'humanité tout entière, et doit se borner à des sociétés restreintes ; il existe à côté de la guerre, et seulement à la condition de faire place à l'exclusisme, au moins de communauté à communauté. Les deux principes opposés, et pourtant nécessaires l'un à l'autre, cherchent leurs domaines respectifs au milieu de luttes qui ne peuvent pas être exemptes d'excès. La science constate l'issue du conflit, et montre les limites, profondément découpées parfois, dans lesquelles il faut renfermer chacun des principes si l'on veut éviter des désastres. Où faut-il imposer une action commune, où laisser chacun libre de se diriger suivant sa conscience individuelle ? Voilà le pivot de toute la question sociale, politique et religieuse.

La nécessité de combiner l'exclusisme et le communisme résulte surtout du fait qu'en général, le producteur a besoin du secours d'autrui pour conserver. Il s'agit de trouver une combinaison qui, sans dépouiller le producteur, intéresse tout le monde à la conservation du produit, en en faisant profiter tout le monde. Les exigences de la production réclament plutôt l'exclusisme, celles de la conservation le communisme. Ce dernier régime a pris dans l'origine une grande importance par le fait des immeubles. L'homme ne produit pas les fonds de terre, il en prend possession par un acte qui se confond souvent avec la conservation et présente le même caractère de communisme. C'est pour cela que, dans l'origine, la propriété et même l'exploitation des immeubles étaient communes, et le sont restées longtemps. Cet état de choses exerce son influence sur les meubles, que souvent on ne peut défendre qu'en défendant les immeubles qui les contiennent, et dont ils deviennent ainsi juridiquement des accessoires. C'est ainsi que le régime communiste s'étend partout ; on essaie de faire cesser dans une société donnée la guerre qui a sa source dans la répartition des biens matériels, en posant en principe que, dans les limites de la société, tout est à tous. Mais on s'aperçoit bientôt que ce mode de vivre n'est pas à sa place partout ; on en revient graduellement, non sans se jeter quelquefois dans l'extrême opposé. La première communauté qu'on abandonne est probablement celle des femmes ; vient ensuite celle des meubles. On répartit jusqu'aux immeubles, d'abord pour la jouissance et l'exploitation, plus tard même pour la propriété. La transformation commence par les maisons, s'étend aux champs et finit même par gagner les pâturages et les forêts. On renonce au régime communiste pour la production, mais l'expérience montre qu'on ne peut pas s'en passer pour la conservation. La combinaison des deux systèmes est surtout frappante dans l'institution des registres fonciers, grâce à laquelle l'Etat se trouve être le seul détenteur de toutes les terres, mais détenteur pour compte des particuliers. D'une manière plus générale, l'Etat garantit à chacun son lot et la jouissance de ce qu'il a produit. Chacun travaille pour son compte, et l'Etat empêche les spoliations. Le communisme disparaît et fait place au commerce, qui en a tous les avantages sans les inconvénients. Le commerce suppose l'échange et le libre échange, car c'est retourner au communisme que de fixer d'office au particulier le prix auquel il doit céder ses produits. Le commerce peut profiter à tous, parce qu'une même chose a des valeurs différentes pour les divers individus ; chacun peut donner ce qui pour lui vaut moins en retour de ce qui vaut plus. D'autre part, le fainéant ne peut pas vivre au détriment du travailleur, comme sous le régime communiste, parce qu'on ne donne rien à qui ne paie pas de retour. La direction économique se répartit sur plusieurs têtes. L'idéal, c'est que chacun ait sa part de bénéfice par le fait qu'il a sa part de direction, au lieu de tout concentrer sur la même personne, comme on le fait sans le vouloir avec le communisme. Nous arrivons à des résultats analogues pour la constitution politique.

CHAPITRE II.

Une action commune est nécessaire, parce que le bonheur des uns dépend de la conduite des autres. Chacun cherche à s'emparer de la direction publique, pour en user dans ses intérêts particuliers. A la guerre pour la subsistance et la richesse vient s'ajouter la guerre pour le pouvoir, qui aboutit à des usurpations totales ou partielles, et qui prend des formes très variées, employant tour à tour la force, la ruse et la flatterie. Les usurpations sont d'abord sans gravité, tant en raison des limites restreintes des attributions sociales, que par le peu de ressources et de moyens de s'opprimer les uns les autres dont disposent les divers individus. Nous voyons dans les premiers temps de l'histoire les hommes d'une même peuplade se contrebalancer et se partager la direction générale. C'est ainsi que s'établit la souveraineté du peuple, qui correspond en politique au communisme économique, et qui est aussi une réaction contre une espèce de spoliation. La ressemblance ne s'arrête pas là. Comme le communisme, la souveraineté populaire est une protestation quelque peu théorique du droit contre le fait ; sa valeur est surtout celle d'une transition, d'un acheminement à quelque chose de plus parfait et de plus compliqué. Le peuple ne peut pas proprement gouverner ; il faut pour cette fonction des individus, lesquels sont désignés par l'usurpation, opérée peut-être sous la forme d'une captation de la faveur populaire. Mais il peut arriver qu'un grand nombre d'usurpateurs se tiennent mutuellement en échec, se partagent ce qu'aucun d'eux n'a la force d'accaparer ; la souveraineté du peuple n'est pas autre chose. Nous la trouvons, mal définie sans doute, aux premiers temps de l'histoire. « Il n'est point permis à Agamemnon, dit l'Iliade, d'enlever à Achille la vierge que les Achéens lui ont donnée. » Quand les affaires se compliquent, les prépondérances s'accentuent, parce qu'elles deviennent nécessaires. Il faut prendre en connaissance de cause des décisions rapides et les exécuter immédiatement. Le peuple n'obtient cet avantage qu'en se donnant un maître. Le communisme politique aboutit comme l'autre au monopole, à la domination absolue d'un seul. On peut toutefois assurer, par des précautions artificielles, le maintien de l'égalité naturelle primitive. Il ne faut pas oublier seulement que le progrès de l'humanité ne s'opère pas suivant une ligne continue ; quand on a fait fausse route, il faut rebrousser chemin, pour partir d'un point antérieur à la déviation. C'est pour cela que souvent les derniers deviennent les premiers ; ceux qui sont restés en arrière peuvent mieux que d'autres profiter des expériences faites et s'accommoder aux circonstances nouvelles. Pour corriger les erreurs commises par les empires cosmopolites d'Asie et de Rome, il a fallu les pauvres petites communautés de la Grèce naissante et des forêts de la Germanie.

L'usurpation est le fait primitif qu'il s'agit de régulariser. Le peuple le plus libre la subit toujours sous une forme ou sous une autre. Tout ce qu'il peut faire, c'est de réagir contre elle pour la limiter. Le principe de la souveraineté populaire est donc en première ligne négatif. Il devient positif par contre-coup, en raison du consentement qu'il implique en retour de ses conditions. Un pouvoir sans autre fondement que la force est toujours exposé à se voir renverser par la force ; il l'est d'autant plus que s'il ne rencontre pas de résistance, il s'exagère, s'altère et se fait des ennemis de jour en jour plus puissants. Il en est autrement d'un pouvoir avec lequel on traite, dont on définit les attributions, dont on se sert pour éviter une domination pire.

A l'usurpateur, qui se doit son pouvoir à lui-même et ne reconnaît d'autre borne que sa force, succède le roi légitime qui tient son pouvoir du peuple, et l'exerce dans les limites fixées par le peuple. La ligne de démarcation qui sépare les attributions de la nation et celles du prince, jusqu'ici vague et flottante, se précise graduellement : le peuple prescrit une direction générale sous la forme de la coutume et de la loi ; le chef de l'Etat garde, dans les détails de l'exécution, la liberté dont il a besoin pour bien s'acquitter de sa tâche.

Avec le temps, les fonctions du gouvernement se compliquent ; un seul homme n'y suffit plus. Un pouvoir judiciaire spécial est chargé de régler les conflits entre plusieurs membres du corps social, entre plusieurs intérêts qui ont tous droit à être protégés ; le pouvoir exécutif garde la défense du bien commun dans les cas où des complications de ce genre ne se présentent pas. Il reste juge du fait dans cette sphère.

Avec le temps aussi, le peuple ne peut plus remplir lui-même les fonctions de juge du droit qu'il s'est réservées. Le besoin se fait sentir d'en charger spécialement certaines personnes, des individus ou des collèges, dont la fonction principale sera la législation ; mais il faudra en outre interpréter les lois existantes, les compléter, les développer. Or il y a diverses raisons dont on ne se rend pas toujours bien compte, mais dont on a l'instinct, pour que la confection et l'interprétation des lois ne soient pas confiées aux mêmes mandataires. Il faut pour l'une des corps nombreux, représentant autant que possible les divers éléments de la population et agissant en masses ; pour l'autre des hommes pourvus de connaissances spéciales, prononçant individuellement ou en collèges restreints. Ces conditions se trouvent remplies par les organes judiciaires chargés de prononcer sur le fait dans certains cas dont il a été question ; on les laisse prononcer aussi sur le droit dans les mêmes cas. Cette extension d'attributions s'opère d'autant plus facilement qu'il est impossible de distinguer absolument la question de fait et celle de droit. C'est par la même raison que dans un autre domaine, la loi est interprétée, à tort ou à raison, par le pouvoir exécutif. C'est ainsi que s'opère graduellement la séparation des pouvoirs, fondée moins sur la nature des choses que sur nos besoins, et qui ne se réalise par cette raison que dans des conditions arbitraires et artificielles. Les divers pouvoirs ne sont pas en nombre défini ; tous confondus dans l'origine, ils se séparent graduellement, sans qu'on puisse assigner, ni un terme à cette ramification, ni des limites naturelles irréprochables aux divers domaines.

On a présenté la séparation des pouvoirs comme une application de la division du travail. Ce n'est là que le petit côté de la question. Le vrai point de vue, c'est la nécessité de prendre des mesures contre la prédominance des intérêts particuliers sur les intérêts généraux ; ces derniers nous laissent indifférents, à moins qu'ils ne soient exagérés et par conséquent altérés par la passion. Il en résulte que les pouvoirs publics sont toujours plus ou moins détournés au profit des intérêts particuliers des gouvernants. Il est facile de nier cette tendance ; il est impossible de s'y soustraire complètement, surtout si on l'ignore. Il importe de se prémunir contre les abus qui en découlent. Il faut tenir compte de la prépondérance de l'intérêt particulier, tant pour l'utiliser que pour y remédier.

Il faut organiser la société de telle sorte que chaque fonctionnaire ait un intérêt particulier à s'acquitter au mieux de l'intérêt général qui lui est confié. Si l'on ne peut pas atteindre cet idéal d'une manière positive, il faut chercher à le faire d'une manière négative, en évitant de jamais placer un fonctionnaire entre son intérêt et son devoir, comme on dit ; il serait plus exact de dire : entre son intérêt particulier et l'intérêt public qu'il représente. Il est nécessaire d'accorder une certaine confiance aux chargés de pouvoir ; mais on fait beaucoup de mal en leur supposant des vertus que la nature humaine ne comporte pas.

Les gouvernements étant composés de particuliers, qui ne se distinguent des autres que par les forces publiques mises à leur disposition, il faut éviter de donner à leurs membres des attributions trop considérables. Avec des fonctionnaires trop puissants, la responsabilité devient illusoire ; les pouvoirs sont employés à consolider et dissimuler les abus. L'attribution des pouvoirs publics, il importe de se le rappeler ici, s'opère au fond par une usurpation que l'élection populaire ne fait proprement que régulariser et circonscrire. Aussi les limites apportées aux fonctions ont-elles plus d'importance que la désignation du titulaire ; on est en tout cas plus sûr d'atteindre son but. On a dit que l'idéal de la démocratie serait de donner une fonction publique à chaque citoyen. Il aurait probablement été plus correct de dire que l'idéal est de réduire au strict nécessaire les pouvoirs publics attribués à un particulier ; on atteint ce but au moyen de la répartition des pouvoirs, qui présente encore d'autres avantages. Sans doute, elle ne fait pas disparaître tous les abus, mais elle a pour effet, au moins si elle est sérieusement appliquée, de faire commettre les abus dans des sens différents, de manière à se compenser les uns les autres. Au contraire, si les pouvoirs publics sont concentrés sur la même tête, les abus se commettent tous dans la même direction ; au lieu de se neutraliser, ils s'aggravent, se multiplient en quelque sorte les uns par les autres, par une espèce d'application de la loi d'inertie.

Après les dangers qui ont leur source dans les

uvoirs excessifs, il faut signaler ceux qui viennent de la confusion. Pour éviter les abus, il faut savoir à quel titre agit chaque individu, afin de pouvoir prendre les mesures nécessaires pour corriger les inconvénients inévitablement attachés à la position, quelle qu'elle puisse être. Les précautions deviennent impossibles quand le même individu peut agir à deux titres différents, poursuivre un certain intérêt en se donnant l'air d'en défendre un autre. Le régime du cumul et des unions personnelles favorise beaucoup de désordres par l'obscurité qu'il crée. Les mêmes considérations qui s'opposent à ce que la même personne soit juge et partie, qui obligent les deux sexes à se distinguer par leurs costumes se retrouvent dans l'organisation politique sous le nom de principe des incompatibilités ; l'importance qu'on donne à ce point de vue n'est pas le plus mauvais critère du développement de l'esprit public.

Pour que la société politique soit bien organisée, il faut encore que chacun de ses agents porte, au moins moralement, la responsabilité de ce qu'il fait ; il faut que les actes du gouvernement soient considérés comme émanant, non pas d'abstractions irresponsables, de personnes fictives, d'un fantôme qu'on appelle l'Etat, l'autorité, et devant lequel chacun aurait à s'incliner, mais d'individus déterminés, justiciables personnellement de l'opinion publique et, si possible, des tribunaux.

On se trouve tout naturellement conduit par ce système à remplacer sur bien des points l'action de l'Etat et l'espèce de monopole qui en résulte par la libre concurrence des particuliers. La question de savoir ce qui doit, ou ne doit pas, se faire par l'Etat, c'est-à-dire par la contrainte, comporte des solutions différentes suivant les temps. Il est des choses qu'il vaut mieux faire librement que par contrainte, mais qu'il vaut mieux faire par contrainte que de ne pas faire du tout. L'Etat enseignant et le monopole de fait qui résulte de ce système ne se justifient qu'à titre de transition, comme un moyen de mettre fin à quelque chose d'encore plus dangereux. Avec le temps, un système plus favorable à la science deviendra d'abord possible et bientôt après nécessaire. Dans un autre domaine nous voyons les fonctions des notaires remplies d'abord par le peuple entier, puis par des officiers publics de l'ordre sacerdotal, enfin par des hommes de loi dont le caractère officiel s'efface de jour en jour.

Les contre-coups de la distinction des fonctions ne s'arrètent pas là. La spécialisation administrative a pour complément la centralisation politique, en même temps qu'un notable abaissement des barrières nationales, parce que les petits établissements

é comportent pas une division du travail poussée
bien loin. La substitution de la bourgeoisie à la
noblesse n'est, à bien des égards, qu'un épisode de
la grande révolution que je viens d'esquisser. On
cherche à bien servir un grand pays, plutôt qu'à
en dominer un petit.

Les fonctions qui restent officielles sont entraî-
nées par le courant. C'étaient d'abord de simples
accidents dans une vie ; on y arrivait sans prépa-
ration ; on les remplissait temporairement et mé-
diocrement. Elles tendent désormais à se transformer en de véritables carrières, pour lesquelles
des connaissances et des aptitudes spéciales sont nécessaires, et qui ont besoin dès lors de plus de sta-
bilité. Si l'on veut que l'Etat soit bien servi, il faut
que le fonctionnaire ne soit plus exposé à se voir
arbitrairement chassé du champ d'action auquel
il a consacré sa vie, et qu'il a souvent amélioré.
Les fonctions tendent ainsi à devenir viagères,
peut-être héréditaires de fait. Elles le peuvent sans
inconvénient, en raison des limites étroites dans
lesquelles elles sont renfermées. Elles doivent être
ouvertement et suffisamment rémunérées, pour
ne laisser aucune excuse à la poursuite de profits
indirects toujours abusifs.

Ainsi à la guerre pour le pouvoir, à l'usurpation,
nous avons vu succéder le communisme politique,
avec lequel les pouvoirs appartiennent au peuple

et sont exercés en son nom, mais d'une manière confuse et dans des conditions défectueuses à plusieurs égards. Le besoin se fait alors sentir de procéder, pour les fonctions et les pouvoirs publics, à une répartition qui rappelle celle des fonds de terre par plus d'un côté ; dans un cas aussi bien que dans l'autre, ce qu'il y a de juste dans le communisme doit être maintenu, et même confirmé par le dégagement d'autres éléments compromettants. Le monopole gouvernemental fait lentement place à la libre concurrence, l'organisation politique prend un caractère commercial. Chacun étant désormais libre, en droit sinon toujours en fait, de quitter un pays mal administré pour s'en aller ailleurs, les gouvernements doivent se diriger sur l'intérêt des gouvernés, comme les producteurs sur celui des consommateurs.

Il faut maintenant montrer que la transformation signalée dans le régime économique et la politique temporelle se retrouve aussi dans le domaine spirituel.

CHAPITRE III.

Dans le domaine spirituel.

Dans une civilisation avancée, la souveraineté du peuple suppose la distinction, peut-être même l'antagonisme des fonctions politiques. Or l'opposition la plus importante est celle du temporel et du spirituel ; le besoin s'en fait sentir avant qu'on formule la théorie de la séparation des pouvoirs.

On constitue le pouvoir temporel en mettant, dans une certaine mesure, à la disposition des fonctionnaires les biens et les personnes des citoyens. Les individus qui participent à la souveraineté doivent accepter dans certaines occasions le rôle d'instruments tout à fait passifs. L'état le plus parfait est celui où les citoyens, tout en se montrant au jour du besoin obéissants jusqu'à la mort, résistent avec une vigilance jalouse à tout empiètement du gouvernement sur leurs droits. Or il n'est pas facile de développer concurremment l'amour de l'indépendance et la docilité. Le pouvoir temporel tend naturellement à étendre ses attributions, à mécaniser ses ressortissants, à considérer comme une insulte le contrôle qu'ils prétendent exercer. Il ne faut pas en être surpris ; la volonté publique, bien qu'elle dispose des forces de tous, ne peut pas être la volonté de tous ; elle doit nécessairement se montrer exclusive et bornée, sacrifier bien des aspirations à d'autres censées meilleures, ou tout au moins plus opportunes. Comme son nom l'indique, le pouvoir temporel vit dans l'actualité ; pour faciliter sa tâche du moment, il est tenté de compromettre l'avenir en énervant le caractère des populations, en éteignant l'esprit public afin de supprimer les résistances qu'il y pourrait rencontrer. L'intérêt particulier immédiat des gouvernants et des meneurs qui aspirent à le devenir, c'est de se trouver en face d'un peuple entraînable, crédule, passionné ; c'est d'entretenir, pour se donner de l'importance, la guerre au dehors, et même la dissension au dedans. Ces tendances ruinent l'Etat en asservissant le peuple. Il faut les contrebalancer par une autre influence chargée de rétablir la paix, d'apprendre au peuple à résister aux séductions, à considérer l'avenir, à surveiller ses agents. C'est la fonction spirituelle qui, pour atteindre son but, doit, on le comprend, être tout à fait indépendante du pouvoir temporel, et tout autrement organisée. Son rôle est d'instruire le peuple sur ses droits et sur ses devoirs, de lui enseigner à faire joyeusement les sacrifices nécessaires, tout en s'opposant aux abus, d'entretenir en un mot l'esprit public ; pour cela, il faut faire connaître au peuple les règles de la science sociale, et par conséquent de la morale et de la religion ; il faut substituer à la politique empirique exclusivement employée jusqu'ici, une politique rationnelle, fondée sur des principes que la science formule, mais que le peuple adopte et se charge, en raison de sa souveraineté, de faire respecter. La création et la vulgarisation d'une telle science est indispensable pour empêcher la démocratie de se détraquer ; et si l'on dit que cette condition est irréalisable, c'est une supercherie que de parler de souveraineté populaire.

Sans doute, pour atteindre le but, il faut surmonter des difficultés et résister à des tentations. Le facteur spirituel est très délicat, susceptible de s'altérer très facilement et de faire alors autant de mal qu'il pourrait produire de bien. Pour prévenir ce danger, il doit avoir une tactique essentiellement temporisatrice, s'abstenir au besoin plutôt que de se compromettre, laisser à d'autres les moyens bruyants et entraînants dans les moments où ils peuvent être nécessaires, ne pas acheter la popularité au prix de la vérité, ne pas s'imposer par des menaces, ne pas s'insinuer subrepticement par des flatteries, se souvenir en un mot que le bon berger se reconnaît à ce qu'il entre dans le bercail par la porte, et non par ailleurs. L'élément spirituel ne peut pas fournir les bases de l'édifice politique, parce que les hommes pour la plupart n'entendent pas raison et n'obéissent qu'à la force ; il ne peut que perfectionner ce que le temporel ébauche ; il régularise, mais ne crée pas. Son action normale se borne aux hommes de bon vouloir et de bonne foi, cercle restreint qui peut et doit s'élargir de jour en jour, mais qu'il faut se garder de vouloir dépasser. Plus le peuple sera éclairé, capable de résister aux séductions, plus l'élément spirituel aura d'influence. Mais il ne faut pas subvenir à l'absence de ces conditions par l'intimidation ou des moyens de ce genre. La soumission à la force brutale fournit à l'ordre social une base meilleure à tous égards que le respect de principes illusoires ; car un jour ou l'autre la lumière se fera, les fondations crouleront et ne pourront pas être remplacées parce que la confiance sera détruite. Le régime de la force brutale présente au moins cet avantage qu'il ne demande pas la confiance, et que par conséquent il n'en abuse pas. En voulant devancer les temps, l'action spirituelle retarde son avènement ou ses progrès. C'est pour cela que la connivence du pouvoir temporel ne peut lui faire que du mal.

La fonction spirituelle consiste à servir d'organe à la vérité, surtout à la vérité morale, à la loi naturelle ; elle doit les opposer comme une digue à l'arbitraire du pouvoir temporel, des peuples et des rois. C'est la mission principale des prêtres partout, aussi bien du pontife romain, de l'*Eward* ou gardien de la loi des anciens Germains, du *logmadr* scandinave que des prophètes hébreux, des devins grecs, des brahmanes etc. De nos jours ce rôle doit être surtout rempli par le livre ; les véritables autorités, ce sont les auteurs. La presse périodique et les assemblées populaires peuvent être utiles à la discussion des questions d'application et d'actualité, mais elles ne conviennent pas pour établir des principes. Rien probablement ne contribuera plus à empêcher la démocratie de se corrompre qu'une bonne littérature ; mais celle-ci ne peut naître que si le public l'encourage ; l'intervention, même favorable, du gouvernement ne peut faire ici que du mal, parce que le gouvernement a d'autres conditions de succès.

Les conditions d'un bon esprit public ne sont pas les mêmes que celles de l'action et de la volonté publiques ; ce n'est pas l'unité qu'il lui faut, mais la richesse et la diversité; l'esprit public est le dépôt où se préparent, en attendant le jour de l'action, les matériaux qu'on en tirera quand on aura trouvé leur place et leur temps ; la coexistence de tendances divergentes, peut-être même opposées est loin d'être une mauvaise chose. Les organes spirituels sont des conseillers et non pas des agents ; plus ils représentent de points de vue divers, plus le peuple sera éclairé, plus il lui sera facile de faire de bons choix. La souveraineté spirituelle doit s'exercer par le public, par les citoyens agissant individuellement ou par groupements libres, tandis que la souveraineté temporelle s'exerce par les mêmes citoyens, mais dans des conditions différentes, sous un régime qui impose aux minorités la décision de la majorité. Le nœud de la question sociale, encore une fois, est de savoir où il faut employer chacun des deux régimes.

Il n'y a pas d'exemple historique d'une organisation vraiment satisfaisante de la fonction spirituelle. A quoi cela tient-il, et comment faut-il s'y prendre pour remédier à cet état de choses ?

On retrouve dans la production scientifique le même conflit de l'exclusisme et du communisme, la même transition de la guerre au commerce que dans la production matérielle. Pour arriver à la vérité, il faut des efforts qu'on ne fait pas sans espoir de récompense. Dans la lutte pour l'existence dans laquelle on se trouve engagé, on ne se soucie pas de fournir des armes à ses ennemis. Chacun cherche à garder pour soi les connaissances qu'il a laborieusement acquises ; car elles constituent un moyen d'indépendance et de domination plus lent, mais plus puissant à la longue que la force matérielle. Sans doute, pour fonder un ordre de choses durable, le concours des deux conditions est nécessaire ; mais l'histoire nous montre plus souvent la science conduire à la force que le phénomène inverse.

L'obscurantisme, produit on vient de le voir par la défiance dans laquelle les hommes vivent les uns à l'égard des autres, est une manœuvre parfaitement légitime entre belligérants. Mais cette guerre qu'on se fait sur le terrain spirituel nuit à tout le monde, même aux prétendus vainqueurs. La science et la civilisation ne progressent pas ; l'homme reste écrasé par la nature qu'il devrait dominer. Le simple fait de se reposer dans le sentiment de sa supériorité, de n'avoir pas à travailler pour conserver son avance sur les autres est fâcheux. Nulle part peut-être les hommes n'ont plus besoin de s'entr'aider. La vérité se compose d'une somme trop considérable de notions pour que le même individu puisse les découvrir ou simplement les contrôler toutes; les notions, d'ailleurs, constituent un système et les unes sont la clef des autres. Il y aurait donc, si l'on n'avait pas à craindre d'abus, tout avantage à se communiquer réciproquement les connaissances. On essaie de le faire, mais avec beaucoup de réserve et dans un cercle très restreint. La science se transmet de père en fils, et devient le monopole de certaines familles ; c'est ainsi que s'élèvent ces dynasties hiératiques que nous voyons en Orient maintenir ou conquérir plus ou moins complètement leur indépendance vis-à-vis des grandes monarchies militaires, et même exercer collectivement la souveraineté, en faisant des rois leur instrument. Mais en se réservant exclusivement les avantages qu'elles ont conquis, elles rétrécissent la base et diminuent la solidité de la société politique ; elles l'empêchent de se mettre à la hauteur des circonstances qui se préparent. L'Inde et l'Egypte succombent aux attaques du dehors ; par contre, l'admission des plébéiens dans la cité procure aux Romains l'empire du monde. Le peuple ne veut pas prendre sa part des charges imposées par le maintien de l'indépendance nationale, s'il est exclu de la souveraineté ; or, on ne peut l'admettre à cette dernière sans lui communiquer les connaissances nécessaires pour l'exercer. Cette double communication présente pourtant des dangers ; le peuple peut en faire un mauvais usage. Il faut qu'elle se fasse, mais qu'elle se fasse graduellement ; la précipitation serait probablement aussi dangereuse que l'excès de lenteur. Ces circonstances font naître et mettent en présence les deux tendances opposées du cléricalisme et de l'universalisme, connues encore sous beaucoup d'autres noms, ceux d'aristocratie, de théocratie d'une part, de démocratie de l'autre. Ces deux tendances sont toutes deux nécessaires, l'une pousse l'humanité vers sa destination, l'autre évite des précipitations qui amèneraient des catastrophes et des reculs. La part à faire à chacune d'elles varie suivant les temps ; mais ce qui est positif, c'est que le cléricalisme et l'obscurantisme qui s'y joint sont incompatibles avec la démocratie. Si le peuple est incapable de supporter sans en faire un mauvais usage la vérité politique, et par conséquent la vérité morale et religieuse, on ne doit pas le reconnaître pour son souverain. Un tel déni de confiance ne serait pas assurément dépourvu de toute raison d'être. La réalisation de la démocratie rencontre de grandes difficultés d'application. Chez ceux-là surtout qui en parlent le plus, la souveraineté populaire n'est souvent qu'un prétexte pour établir la souveraineté des hommes politiques et des meneurs intrigants qu'on trouve dans leurs rangs. Comme l'esclavage dont il constitue le dernier vestige, l'obscurantisme est un mal nécessaire avec lequel il faut compter, tout en travaillant à le faire disparaître.

Ainsi, plus qu'aucun autre peut-être, le pouvoir spirituel se constitue par usurpation ; il appartient à des individus qui en usent dans leur intérêt propre. Il s'agit de le transformer en une fonction sociale, de le faire employer dans le sens de l'intérêt général. On a essayé ici aussi de mettre fin à la guerre et à l'usurpation par le communisme ; mais ce régime s'est montré aussi stérile qu'ailleurs. L'unité de direction nécessaire fait aboutir encore le communisme à l'absolutisme individuel ou collectif. Celui qui dirige tout, finit par disposer de tout et le fait dans le sens de ses convenances particulières. En outre, des notions qui ne sont pas incessamment contrôlées et rectifiées se corrompent. Il y a donc toutes sortes de raisons pour que la doctrine officielle, dont on cherche à faire l'opinion commune, s'altère très rapidement ; l'unité qu'on impose ne peut être que l'unité dans l'erreur. C'est ce dont on s'aperçoit quand on a remplacé le cléricalisme dynastique par le cléricalisme théologique. L'Eglise dirige l'enseignement dont elle a le monopole conformément aux convenances particulières de ses ministres. Si pour échapper à ces inconvénients, on recourt à l'Etat enseignant, on tombe dans le cléricalisme politique ; l'école, accaparée par la doctrine de la coterie gouvernementale, tend à devenir un *working house* pour les fruits secs du parti.

On peut se demander si cette dernière forme du cléricalisme ne deviendrait pas à la longue la pire de toutes ; mais la question ne serait pas bien posée. Le cléricalisme est un mal ; en dégénérant, il rapproche le moment de sa disparition. Quand l'expérience aura montré les inconvénients de tous les genres de monopole, on acceptera pour l'alimentation spirituelle le régime commercial et ses conséquences. On laissera chacun choisir ses fournisseurs pour les idées comme pour les denrées. On fera reposer l'ordre social sur des conventions, qui peuvent se modifier sans dangers, et non plus sur des doctrines officielles, qui ruinent la confiance parce qu'elles sont toujours de plus ou moins mauvais aloi et que le jour finit par se faire sur leur véritable valeur.

Pour que ces transformations constituent un véritable progrès, il faut un marché bien approvisionné, c'est-à-dire une littérature saine, abondante et surtout parfaitement indépendante. Or, on ne l'aura, même dans les pays où la presse est le plus libre, que si le public l'encourage. Il y a là pour le patriote un devoir dont l'accomplissement est, sinon plus impérieux, au moins plus efficace que la participation à des votations, dans lesquelles il est trop souvent impossible de se rendre compte de ce qu'on fait. On peut juger de l'avenir d'un peuple par ses livres ; c'est la Bible qui a fait les États-Unis. Une nation bien conseillée par ses écrivains peut être vraiment libre, souveraine; elle ne voit pas seulement par les yeux de ses agents ; elle n'est pas, comme il arrive trop souvent, dans la dépendance de ses prétendus serviteurs.

CHAPITRE IV.

Quand il surgit du chaos de la guerre, pour lui mettre des bornes, le droit prend la forme de la religion ; plus tard il devient profane. J'espère montrer que le droit religieux est communiste, le droit profane commercial. Le premier interdit absolument le prêt à intérêts ; l'autre le permet, d'abord dans certaines limites, puis sans restriction. Le point de vue du droit religieux n'est pas faux, mais il est incomplet. Sa tendance générale est bonne, mais il ne voit pas les détails et les positions particulières ; cela tient à ce qu'il s'est constitué dans un temps où le commerce n'existait pas encore, où l'on n'en pouvait pas comprendre les exigences. On a raison de poser en principe que les hommes doivent s'entr'aider gratuitement ; mais on a tort de prétendre les forcer à le faire. On a tort également de ne voir dans le prêt de l'argent qu'un service rendu par le prêteur à l'emprunteur ; bien souvent, c'est le contraire qui arrive. Le prêt est un moyen de tirer parti des capitaux et d'encourager l'économie.

Cette coïncidence que nous venons de constater,

tâchons de l'expliquer. Quel rapport y a-t-il entre la religion et le communisme ?

Un auteur contemporain, C.-P. Tiele, définit la religion : le rapport entre l'homme et les puissances surhumaines auxquelles il croit ; il élève des doutes sur la convenance du mot « surhumaines », mais trouve que le mot « suprasensibles » serait encore pire. Je crois être plus près du but en définissant la religion : la croyance relative à nos rapports vis-à-vis des puissances supérieures, en un mot, relative à nos devoirs, à nos obligations. L'acception-mère du mot est mise en évidence par le terme « la religion du serment ».

La plus ancienne forme historique de la religion serait, suivant Tiele, l'animisme, lequel toutefois est moins une religion qu'une sorte de philosophie ; c'est la croyance en l'existence d'âmes des choses, que l'on influence par des incantations. La religion primitive et son culte ne répondaient pas de tous points à ce qu'on entend aujourd'hui par ces mots ; le terme superstition, qui ne s'est pas toujours pris en mauvaise part, nous fournit, surtout par son étymologie, une meilleure indication. Les incantations qui représentent le culte primitif rappellent singulièrement les formules de la procédure. Bref, tout porte à croire que les rapports avec les dieux se règlent après et d'après ceux avec les hommes. Loin de venir à la suite de la religion, comme on le croit souvent, le droit la crée comme une enveloppe dont il a besoin pour naître et pour vivre. Le côté de la religion qui règle les rapports des hommes entre eux paraît le premier, et fraie la voie aux autres; par cette raison même, ce n'est pas le côté le plus relevé.

Ce qui met fin à la guerre, c'est le besoin que les hommes ont les uns des autres, c'est la communauté de leurs intérêts, enfantant une certaine communauté de croyances; c'est, en un mot, la communauté religieuse. Mais l'harmonie des croyances n'est souvent qu'apparente; dès qu'on veut la creuser pour y fonder quelque chose, dès qu'on veut passer aux applications, elle s'évanouit pour ne laisser apparaître que la dissidence. Des croyances vraiment communes sont très rares; elles le sont d'autant plus que le cercle qu'elles doivent embrasser est plus étendu; elles sont plus difficiles à trouver pour un peuple que pour une famille, pour l'humanité que pour un peuple. Tant que les relations restent rares, bornées à un cercle restreint, les croyances communes et les coutumes auxquelles elles donnent naissance fournissent une base suffisante pour les régler. Mais pour les croyances comme pour les biens, le régime de communauté pure et simple n'a qu'une valeur de transition. Il faut qu'il soit, non pas supplanté, mais complété, peut-être même épuré par autre chose.

Pendant quelque temps, sans doute, on essaie de forcer ce qui ne va plus naturellement, de maintenir et même de développer par des moyens artificiels l'harmonie dont on a besoin et qui tend à disparaître. L'unité de direction se trouve avoir ici les mêmes inconvénients qu'ailleurs; celui qui dirige tout finit par disposer de tout. Aux inconvénients du monopole viennent s'en ajouter d'autres. Les opinions empruntées, que ce soit à la majorité ou à l'autorité, c'est-à-dire à des hommes pourvus de connaissances spéciales, ne sont jamais des croyances solides, sur lesquelles on puisse compter. Il faut accepter la diversité de croyances, la respecter et s'en accommoder. On le peut, parce que souvent on arrive par des considérations différentes à des conclusions pratiques conformes. L'entente sur tous les points de la religion n'est pas indispensable à l'entente sur le droit. On apprend ainsi à distinguer ce qui se confondait auparavant. On va même trop loin dans ce sens; le divorce se fait entre la religion, le moyen, la forme, et le droit, qui est le but, le fond. Ce divorce de deux éléments qui ne peuvent se passer l'un de l'autre est funeste à tous deux. En se séparant complètement, le droit et la religion se dénaturent, cherchant l'un ses bases, l'autre ses applications ailleurs qu'ils ne le devraient. Le droit, en effet, lors même qu'il ne repose pas directement sur la

religion, y repose toujours indirectement. Les institutions interposées rappellent le ballon qui, porté
par l'atmosphère, porte à son tour l'aéronaute. Une
société, un peuple, l'humanité ne pourraient pas
avoir de droit commun s'ils n'avaient aucune
croyance morale commune. Il faut que le droit
reste religieux dans ses principes, lors même qu'il
ne peut plus l'être dans ses applications. La transition s'opère par la convention, sacrée quant à sa
forme, profane quant à son contenu. Seulement, il
ne faut pas donner à ce mot une acception trop
étroite. Les conventions ne sont pas toujours
expresses. Il en est de tacites qui sont très importantes par leur nombre et leur valeur, bien que
celle-ci n'égale pas toujours celle des conventions
expresses. La soumission aux ordres d'un usurpateur, dans la mesure dans laquelle ils sont accep-
tés à titre de droit, et non pas simplement subis
comme un abus de la force, cette soumission
résulte d'une convention tacite, féconde en heureux résultats. On se soumet en vue de certaines
compensations attendues. Le souverain, de son
côté, ne gouverne qu'à la condition de ménager
plus ou moins les sentiments de ses sujets. Il peut
se faciliter sa tâche en formulant, d'accord avec
ceux-ci, certaines règles auxquelles il s'engage à
se conformer. Mais cette précaution n'est point
indispensable ; d'ailleurs, elle est insuffisante, car

il reste toujours bien des sentiments dont on ne parle pas, et qui n'en doivent pas moins être respectés, sous peine de soulèvement.

Cette forme tacite de la convention facilite la transition, et lui permet de s'opérer d'une manière insensible et graduelle. Quand le développement de la conscience et d'autres modifications font naître des divergences dans les points de vue, on y supplée par un accord tacite de respecter l'usage établi ; quand la coutume à son tour devient insuffisante, on convient de certaines règles qu'on appliquera ; un tel arrangement peut intervenir entre deux particuliers, entre deux peuples, entre un peuple et son prince ou ses mandataires. C'est une règle, non pas absolue, mais fondamentale de morale publique que les conventions régulièrement contractées tiennent lieu de loi à ceux qui les ont faites. Grâce à ce principe, le peuple participe au pouvoir législatif d'une manière plus efficace et surtout plus sérieuse que par la confection des lois proprement dites. On peut constater, entre la constitution des conventions publiques et celle des conventions privées, la même différence qu'entre les fonctions collectives et les fonctions réparties. La valeur individuelle, complètement noyée dans les masses avec l'un des systèmes, reprend toute sa portée dans l'autre.

Le régime conventionnel, qui fait participer

chacun, dans des mesures diverses, à la fonction législative, souvent concentrée sous le régime reli- gieux sur une seule tête, assure aussi la liberté de conscience. Chacun garde ses opinions, et l'entente s'établit par des transactions, par des concessions réciproques destinées à procurer les avantages de la vie sociale, en un mot par le commerce. Nous retrouvons, en outre, ici le principe des droits acquis ; chacun étant régi par la loi qu'il s'est faite ou tout au moins qu'il a consentie, chacun doit étudier l'art législatif.

Il ne faut pas toutefois que le point d'arrivée fasse oublier le point de départ. Les prescriptions juridiques ne cessent pas de reposer sur les croyances. Pour que l'édifice social soit solide, il faut que son centre de gravité soit toujours soutenu par le sentiment populaire. Ce serait une grave erreur de conclure de la séparation du spirituel et du temporel à celle de la religion et du droit. La scission absolue de ces deux faces de la vie des peuples aboutit au cléricalisme professionnel et compromet gravement la souveraineté nationale. Il ne faut pas oublier que la division du travail n'est que le moyen d'arriver à une coopération supérieure. Théologiens et philosophes d'une part, jurisconsultes de l'autre travaillent à une même œuvre; leur concours est nécessaire à l'éducation du peuple. Les uns établissent les grandes vérités générales; les autres enseignent à les combiner soit entre elles, soit avec les circonstances. Le peuple les écoute et se réserve de décider par lui-même ou par les mandataires qu'il a choisis. Son indépendance résulte de la pluralité et de la spécialité de ses conseillers. Ne pouvant agir que par le peuple, ceux-ci sont intéressés à l'éclairer, au lieu de le tenir dans l'ignorance comme ils cherchent à le faire dans d'autres conditions. L'éducation morale du peuple est leur intérêt commun. Mais cette éducation ne peut pas embrasser les détails de la technique juridique; elle doit se borner aux grands principes fondamentaux, qui peuvent être les mêmes pour tous les temps et tous les pays, et qui constituent la matière de la religion. Le peuple doit les connaître et se charger de les faire respecter. La véritable démocratie se trouve être en même temps la véritable théocratie. La religion reste donc la base communiste sur laquelle repose l'édifice essentiellement commercial du droit et qui lui permet de se dégager de la guerre.

LIVRE III.

LE DROIT DE LA GUERRE.

CHAPITRE PREMIER.

Les Personnes.

Le droit, qui est en première ligne un idéal et
qui tâche de transformer le fait à son image, voudrait empêcher l'homme de se faire justice à lui-
même. « La vengeance appartient à l'Eternel »,
Le meilleur organe de la justice, c'est le cours des
événements, qui met en évidence la valeur des
œuvres de chacun, *die Weltgeschichte ist das Weltge-
richt.* Mais le droit idéal ne peut pas se réaliser du
jour au lendemain, et en attendant on ne peut pas
demander aux hommes de se laisser anéantir en
l'honneur des principes. Il y a donc, dans l'état de
choses actuel au moins, des actes que le droit, tout
en les réprouvant, est forcé de tolérer, parce qu'ils
sont commandés par la nécessité ; en d'autres termes, il y a deux espèces de transgressions du droit,
celles qui ne sont pas nécessaires et qui, dès lors, sont
punissables, et celles qui sont nécessaires, qu'on
ne peut pour cette raison frapper d'aucun châti-

ment. Nous appellerons les premières des crimes et les autres des actes de conservation propre. Les mêmes actes qui seraient l'occasion d'une sévère répression s'ils rentraient dans la première catégorie ne seront pas même déshonorants s'ils remplissent les conditions de la seconde. On serait disposé à dire que tout le droit de la guerre consiste à distinguer ces deux catégories, à déterminer dans quels cas il y a ou il n'y a pas lieu d'accorder l'indulgence due aux actes de conservation propre. La guerre est une lacune du droit, mais la guerre régulière est une lacune reconnue et consentie par le droit. Cette reconnaissance et ce consentement sont l'essence du droit de la guerre, lequel est à la fois la limite mise au droit par la guerre et la limite mise par la guerre au droit. C'est l'effort du droit pour circonscrire par d'intelligentes concessions ce qu'il se sent incapable d'empêcher. Son contenu peut se ramener à la solution de ces deux questions: Quelles sont les personnes en faveur desquelles des exceptions doivent être faites; quels sont les actes de ces personnes auxquels les exceptions doivent s'appliquer? Le présent chapitre s'occupe exclusivement de la première de ces deux questions.

L'indulgence particulière accordée aux actes de conservation propre étant une concession arrachée au droit par la nécessité, la licence de faire de tels

actes ne doit être accordée qu'à ceux qui ne peuvent pas éviter de les faire ; c'est dire qu'elle doit
être refusée à tous ceux qui peuvent recourir à la
justice sociale, à toutes les personnes médiatisées
en d'autres termes. Celui qui invoque la protection
d'autrui doit soumettre sa conduite au jugement
de son protecteur, consentir par conséquent une
diminution de sa personnalité. C'est, en effet, dans
une espèce de compétence judiciaire que consiste
l'essence de la personnalité. On peut dire que les
choses ont des droits, puisque les services qu'elles
nous rendent sont attachés à l'accomplissement de
certaines conditions; et pourtant elles ne sont pas
des personnes, parce qu'on ne les fait pas juges de
ce qui leur convient et de ce qui leur revient. On
voit qu'il n'y a de personne complète que la personne souveraine, et qu'il faut appliquer dans le
domaine international de tout autres principes
qu'ailleurs; il faut, en particulier, y prendre le con-
tre-pied de la règle suivant laquelle nul n'est juge
dans sa propre cause. Malgré leur caractère apparent d'exception, les principes qui régissent le domaine international doivent être étudiés les premiers, parce que ce sont ceux qui se rapprochent
le plus de l'état de nature et qu'ils exercent une
grande influence sur la constitution des sociétés
politiques.

Pour être une personne internationale, il faut

d'abord avoir la force nécessaire pour se défendre; mais cela ne suffit pas. Les êtres qui ne peuvent faire que du mal, et dont il n'y a rien de bon à attendre ne sont pas de véritables personnes; on les respecte, mais on ne les ménage pas; on évite d'entrer en conflit avec eux, mais on les anéantit à la première occasion.

Il n'y a que des collections d'hommes qui puissent être des personnes internationales, parce qu'elles seules disposent d'une force suffisante pour se faire respecter sous le régime de la justice propre. Mais elles ne remplissent pas toujours les autres conditions de la personnalité, elles n'ont pas toujours les qualités nécessaires pour inspirer confiance, pour intéresser les autres à leur existence en permettant de compter sur elles, ces qualités qu'on appelle, suivant les cas, du caractère ou de la religion. Plus une société est nombreuse, plus elle est matériellement forte, mais plus aussi la force morale et l'esprit de conduite lui sont difficiles. Une organisation particulière est nécessaire pour concilier les avantages des masses avec les qualités propres aux individus. Il faut un chef, non seulement pour diriger les opérations militaires avec succès, mais surtout pour inspirer au dehors cette confiance sans laquelle il n'y a pas de trève possible, pour empêcher des perturbations funestes à tout le monde, mais surtout au groupe d'où elles partent. Chaque société politique doit choisir un individu qui la représente, qui réponde d'elle, à qui par conséquent elle obéisse sur certains points. Les traités se font avec cet individu et se trouvent annulés de plein droit à sa mort, ou à la fin de son règne. L'étranger ne connaît que lui, ne respecte le reste du peuple que par égard pour lui. Le chef est l'intermédiaire nécessaire de toutes les relations hostiles ou amiables, politiques ou commerciales, le trait d'union entre les nations. Il ne faut pas s'étonner si les nations attribuent à ce roi, comme elles l'appellent, un caractère sacré, car s'il vient à manquer, on retombe dans l'incertitude, la défiance et la guerre, jusqu'à ce qu'un successeur ait rétabli la paix. Il n'y aurait rien non plus de surprenant si une nation qui n'aurait pas de roi, ou qui ne lui obéirait pas scrupuleusement, était considérée comme une nation impure, avec laquelle il ne faut pas se commettre parce qu'on ne peut pas s'y fier. Il y a des raisons pour la mettre en dehors des sociétés humaines, pour l'assimiler aux bêtes fauves, pour ne point conclure de trève avec elle, pour ne pas lui déclarer la guerre avant de la faire, pour chercher en un mot à la retrancher du nombre des peuples. Ainsi la paix extérieure implique la discipline intérieure. Il faut s'organiser de manière à exister, à résister aux attaques du dehors, à se rendre, si possible,

nécessaire aux autres, à leur inspirer confiance. Ce
me imposé par les nécessités de la coexistence,
salutaire à bien des égards, n'est pourtant pas sans
dangers. Il engendre un despotisme armé de
toutes les puissances réunies de la force matérielle et de la religion. Tôt ou tard des abus se
font sentir et provoquent une réaction. On essaie
alors de la république, qui prend des formes très
diverses et ne peut guère se définir que par l'absence de monarchie. Ces tentatives ont des succès
divers ; l'histoire du droit constitutionnel est en
grande partie l'histoire des tâtonnements faits pour
conserver les avantages extérieurs de la monarchie
sans en avoir les inconvénients intérieurs.

L'importance du monarque se trouve encore
augmentée par les exigences de notre esprit. Les
peuples primitifs, chez lesquels la puissance
d'abstraction n'a pas eu le temps de se développer,
ont un impérieux besoin d'incarnation. Ils ne comprennent le droit que comme la volonté d'un
individu. La loi n'est, dans l'origine, que l'accord
de plusieurs volontés, la convention par laquelle
elles se lient les unes à l'égard des autres. Quand
plus tard la science cherchera un terme pour dé-
gner ces principes impersonnels qui régissent
l'ensemble du monde, elle empruntera le mot de
loi à la terminologie juridique. Avec le temps
aussi on apprendra à considérer le droit comme

le résultat d'innombrables volontés dont chacune est le produit complexe de facteurs très différents, à considérer chacun de nous comme souverain et sujet tout à la fois, comme faisant le droit d'un côté et le subissant de l'autre.

La qualité de personne, celle de personne belligérante en particulier, est essentiellement susceptible de degrés. Les ménagements qui constituent le droit de la guerre peuvent et doivent être accordés d'une manière plus ou moins complète suivant les garanties présentées de l'accomplissement des devoirs. Un peuple parfaitement discipliné, qui fait la guerre sans entraînement, la subissant comme une nécessité tout en s'efforçant de la réduire aux limites du nécessaire, qui est toujours prêt par conséquent à s'arrêter dans son œuvre de dévastation ; un tel peuple a droit à beaucoup plus de ménagements que celui qui ne posséderait pas ces qualités et se laisserait aller à des actes contraires à la courtoisie. Ce n'est donc pas impunément qu'on fait appel à ces sentiments déréglés qu'on nomme enthousiasme quand on en profite, et fanatisme quand on les a contre soi. En le faisant on aggrave la guerre, on lui donne un caractère qui convient seulement à ces luttes désespérées qu'un peuple soutient pour son existence. Par les mêmes raisons, on ne peut pas avoir pour un peuple en proie à l'anarchie les mêmes égards que pour un État régulièrement constitué. Les révolutions ne sont jamais si graves qu'en temps de guerre extérieure.

Le droit ne se contente pas d'atténuer la guerre; il aspire à la faire disparaître et pour commencer transige avec elle. Il vise à substituer partout la justice sociale à la justice propre. La chose n'étant pas toujours possible et la justice propre valant encore mieux que l'absence de toute justice, on la laisse subsister dans certains cas. Il en résulte que le même acte peut être considéré comme légitime ou criminel suivant les circonstances.

Un acte de justice propre est légitime quand il est nécessaire. Il en résulte qu'en temps ordinaire, les puissances indépendantes et souveraines peuvent seules faire des actes de guerre légitimes, parce que seules elles se trouvent dans la nécessité de se faire justice à elles-mêmes. Les particuliers qui se croient offensés doivent s'adresser à leur souverain, qui est chargé non seulement de les protéger, mais encore d'apprécier avec une impartialité relative si la plainte est fondée ou non. On voit que les médiatisations, en diminuant le nombre des puissances souveraines, diminuent le nombre des guerres légitimes et par contre-coup celui des guerres. Elles ont pour effet de rendre criminels des actes qui ne l'étaient pas auparavant; le duel, par exemple, devient une usurpation de souveraineté et c'est à ce titre qu'il doit être puni.

Quand le recours à la justice sociale est impossible, l'emploi de la justice propre redevient permis et commandé. C'est le cas des gens qui sont attaqués par des brigands, des commerçants qui exposent leurs personnes et leurs biens sur mer ou dans des contrées non civilisées, surtout des grandes compagnies qui exploitent des territoires coloniaux. Ce peut être aussi le cas des rebelles, bien que leur position soit plus délicate. Il y aurait de graves inconvénients à leur reconnaître trop facilement les privilèges attachés à la qualité de belligérants réguliers. Cela est vrai surtout des cas où l'insurrection est, pour ainsi dire, aussitôt étouffée que née, où les rebelles n'ont pas même réussi à se poser en belligérants. On a le droit de se montrer sévère contre des gens qui ont eu en tout cas le tort, non de n'avoir pas la force pour eux, mais de n'avoir pas compris qu'ils ne l'avaient pas ; d'avoir, en conséquence, fait une entreprise qui pouvait bien troubler la paix du pays, mais qui ne pouvait pas aboutir.

Si les rebelles, au contraire, ont une véritable armée bien disciplinée, sur la modération et la bonne conduite de laquelle on puisse compter, il n'y a pas de raison pour leur refuser la qualité de belligérants réguliers. En la leur accordant, on circonscrira les maux de la guerre, on les obligera observer de leur côté les règles au bénéfice desquelles on les met. Seulement, s'ils n'inspirent pas confiance, s'ils ne veulent ou simplement s'ils ne peuvent pas renfermer les hostilités dans les limites fixées, ils ne doivent pas s'attendre à ce qu'on fasse pour eux ce qu'ils sont incapables de faire pour les autres.

La position faite aux rebelles nous conduit à mentionner la distinction à faire entre les personnes belligérantes et les personnes internationales. On pourrait définir ces dernières des personnes belligérantes consolidées. La qualité de personne ne peut être accordée à des rebelles que d'une manière provisoire et temporaire; on leur reconnaît le droit de légitime défense, mais il n'arrivera guère qu'on fasse avec eux des traités de commerce, par exemple.

CHAPITRE II.

LES DROITS DES BELLIGÉRANTS.

I. Généralités.

Les belligérants sont des êtres avec lesquels on est en guerre, mais en guerre régulière; des êtres auxquels on reconnaît des droits, nonobstant le pied de guerre sur lequel on se trouve vis-à-vis d'eux. La guerre régulière est essentiellement limitée, ce qui lui permet de faire à côté d'elle place au droit.

Elle est limitée d'abord en ce qu'elle est relative et non pas absolue. Elle a lieu entre deux puissances qui préféreraient vivre en paix, qui se connaissent et s'estiment, mais qui n'ont pas de tribunal pour vider leur différend. Elle est un état de choses exceptionnel et temporaire, une interruption de la paix; elle a un commencement et doit avoir une fin dont on ne sait, il est vrai, pas l'époque; elle doit aboutir non pas à l'extermination de l'un des adversaires, mais au rétablissement de la paix, quand le but poursuivi sera atteint.

L'état de guerre est donc une interruption momentanée de l'état de paix, un abandon passager du régime artificiellement établi pour retourner au régime naturel. La guerre régulière suppose des conventions expresses ou tacites, destinées à être appliquées et, par conséquent, maintenues en temps de guerre. Quand les hostilités éclateront, on reconnaîtra pourtant encore des droits à ses adversaires, on restera en paix avec eux sur certains points. La lutte aura lieu sous certaines conditions et les combattants se demandent et s'accordent mutuellement la confiance que ces conditions seront respectées. S'il en était autrement, il y aurait abus de confiance, les hostilités perdraient leur caractère de guerre régulière. Les Romains avaient déjà compris ce principe formulé plus tard par le droit canon, qu'il faut être de bonne foi même à l'égard de ses ennemis. *Etiam hosti fides servanda.*

Ces restrictions de divers genres à l'état de guerre, comment s'établissent-elles? à quoi les reconnaît-on? en quoi consistent-elles? Elles doivent s'être établies, dans l'origine surtout, par des traités; nous en avons un exemple très ancien dans le serment par lequel les amphictyons s'engageaient, en cas de guerre entre eux, à ne détruire aucune des villes confédérées et à n'en priver aucune de l'eau courante. Les temps modernes offrent de nombreux exemples de conventions du même genre, ainsi la convention de St-Pétersbourg de 1868, par laquelle dix-huit puissances européennes se sont engagées à ne pas faire usage les unes contre les autres de balles explosibles. D'autres ont eu pour objet l'abolition de la course ou la neutralisation des ambulances. Ces conventions se concluent surtout en temps de paix, alors que les exigences de la guerre se font sentir moins impérieusement. Elles sont le mode ordinaire de formation du droit de la guerre, celui dont la constatation et l'interprétation sont le plus faciles.

Des modifications peuvent aussi être apportées par l'usage, mais ce dernier moyen est inférieur à plusieurs égards au traité. Il n'en a pas au même degré le caractère obligatoire ni la précision; d'ailleurs, il ne peut naître qu'en temps de guerre. Au bout de peu de temps, il doit prendre le caractère d'une convention tacite ou disparaître. Il ne faut pas oublier, en effet, que nous nous trouvons sur le terrain de la justice propre, où chacun reste juge de ses convenances, de ses droits et de ses devoirs. Tant qu'il n'a été pris aucun engagement, chacun reste libre de s'écarter à ses périls et risques des usages reçus. Les convenances exigent seulement que l'adversaire soit prévenu des modifications qui pourraient lui faire tort. L'usage n'est, du reste, souvent qu'une extension des traités, leur application en dehors du cercle des parties contractantes. Cette application se fait sous réserve de réciprocité. Si cette condition n'est pas remplie, s'il y a dissentiment sur la mesure en question, l'usage sera abandonné de part et d'autre dans les relations des deux adversaires, ce qui ne l'empêchera pas de se maintenir ailleurs. On a dans la rétorsion, qui ne doit pas être confondue avec les représailles, un moyen de rétablir l'égalité dans les usages. En vertu du principe de rétorsion, une règle qui n'est pas reconnue par l'un des adversaires cesse d'être obligatoire pour l'autre.

Après avoir exposé comment le droit de la guerre s'établit, voyons en quoi il consiste. Nous parlerons en premier lieu de certains procédés interdits. Nous exposerons ensuite les dispositions prises pour soustraire aux maux de la guerre certaines personnes, dont le nombre va toujours en augmentant, puis les immunités établies au profit de certaines choses. Nous terminerons en examinant les dispositions spéciales à prendre en vue de certains cas particuliers.

II. Procédés interdits.

Les restrictions qui constituent le droit de la guerre sont des applications de l'idée qu'il ne faut jamais faire de mal inutile et réduire au minimum nécessaire celui qu'on ne peut pas éviter. Le plus grave des inconvénients de la guerre est la destruction de la confiance; les pertes d'hommes et de capitaux, l'expérience le prouve, se réparent rapidement dans des conditions favorables; mais la production disparaît avec la confiance. Il s'agit d'empêcher que l'interruption momentanée de la confiance pendant la guerre ne se généralise; en d'autres termes, il faut que l'état de guerre soit nettement circonscrit, qu'on sache quand il commence et qui s'y trouve impliqué. Il faut que la guerre cherche à se supprimer elle-même et à se remplacer par la paix, à transformer les ennemis en amis, le plus beau des triomphes, comme l'avait déjà compris l'auteur des lois de Manou.

Une première précaution à prendre, c'est de ne jamais faire la guerre sans l'avoir déclarée. Il importe d'écarter complètement toute crainte de surprise. La chose est d'autant plus urgente que l'état de paix, lors même qu'on en fait la règle générale, n'est jamais qu'une construction artificielle et superficielle, qu'il recouvre toujours une lutte contenue, mais non supprimée, d'éléments en conflit. On est toujours exposé à retomber de l'échafaudage péniblement construit dans l'état de nature, de guerre et de défiance. Entre gens qui ne se connaissent pas, tout abordage est hostile. Quand on veut opérer un rapprochement amical, on l'exprime par certains signes, on porte avec soi des rameaux verts, on émet certains sons. Les Australiens ont un cri par lequel ils avertissent de leur approche, afin qu'on ne les soupçonne pas de vouloir surprendre et qu'on ne leur fasse pas mauvais accueil. Chacun, en effet, a le droit et le devoir de se défier d'autrui, de le considérer comme un ennemi tant que le contraire n'est pas formellement exprimé. Ces signes qui manifestent le désir de relations pacifiques ne sont pas autre chose que les premières salutations et constituent l'embryon de toute la procédure.

La déclaration de guerre est la contre-partie de la salutation. Nous la trouvons chez des peuples très arriérés; il est vrai qu'on n'en fait pas toujours usage. Il y a lieu de la considérer comme le terme de tentatives de conciliation faites en vain. Une fois que l'usage se fut introduit tout naturellement dans ces conditions, il se généralisa; quand on se fut mis à conclure des traités de paix, on s'y engageait assez généralement à ne pas commencer d'hostilité sans notification préalable. Ce qu'il y a de certain, c'est que la déclaration de guerre est un bon procédé, l'expression du regret qu'on éprouve de devoir recourir à des voies de fait, du désir que l'on nourrit de mettre fin le plus tôt possible aux hostilités et de les circonscrire en attendant. Si l'adversaire répond aux avances qui lui sont faites, la guerre qui a été déclarée présente un tout autre caractère que si elle ne l'avait pas été.

On use de bons procédés quand on espère se voir payer de retour sous une forme ou sous une autre, mais on ne le fait pas vis-à-vis de ceux dont il n'y a rien à attendre, ni directement ni indirectement. Les bons procédés sont un crédit qu'on a toujours le droit d'accorder aux uns et de refuser aux autres. Voilà pourquoi la guerre n'est pas toujours déclarée. On attaque à l'improviste les ennemis qu'il n'y a pas de raison pour ménager. On le fait d'autant plus volontiers que dans les temps primitifs, les succès remportés par surprise sont de beaucoup les plus appréciés.

La signification de la déclaration de guerre est mise en évidence par le nom caractéristique de défi qu'on lui donne quelquefois, et qui trouve sa contre-partie dans le mot trève, de l'allemand *Treue*, confiance. Quand la guerre est déclarée, on n'est complètement ni sur le pied de la défiance ni sur celui de la confiance. Les deux régimes se partagent le règlement des relations.

L'importance de la déclaration a été comprise de bonne heure. Cicéron nous dit à ce sujet: «Pour qu'une guerre soit juste, il faut qu'elle soit nécessaire d'abord et ensuite régulièrement déclarée.» Il ne faut pas oublier toutefois que la déclaration n'est qu'un moyen, que dès lors, si le but est atteint autrement, elle perd sa raison d'être, elle peut même devenir dangereuse. Aussi ne se fait-on pas scrupule de s'en dispenser. C'est même ce qui arrive régulièrement de nos jours. L'ouverture des hostilités est précédée de négociations diplomatiques, par lesquelles on fait connaître les torts que l'on croit avoir soufferts, et l'on en demande réparation; si ces plaintes ne sont pas admises, on se trouve conduit à poser un ultimatum, à formuler certaines réclamations dont le rejet sera considéré comme un cas de guerre. Une pareille marche nous semble parfaitement correcte; l'adversaire est bien prévenu de ce qui l'attend; il ne peut être question d'incertitude. L'état de paix et l'état de guerre sont nettement distingués. Une déclaration solennelle n'est donc plus nécessaire, mais elle le redeviendrait si une occasion se présentait de commencer des hostilités sans formuler au préalable ses réclamations par l'organe de la diplomatie. En vertu du même principe, une notification est indispensable toutes les fois qu'il s'agit de donner à la guerre un caractère exceptionnel de gravité, de déroger aux usages établis, d'user de représailles, d'appliquer le principe de rétorsion, d'établir un blocus.

On ne se contente pas d'empêcher la défiance de s'étendre aux temps de paix; on a essayé, non sans succès, de maintenir la confiance même entre belligérants sur certains points. On ne doit pas commettre de perfidie, même vis-à-vis d'un ennemi, quand il s'agit d'un ennemi régulier ; ce serait agir contre son propre intérêt que de se comporter autrement. Reste à savoir quand il y a perfidie ?

Il faut en général un engagement, une parole donnée et non retirée. La parole possède un caractère essentiellement personnel. Un officier commet une perfidie lorsqu'il viole, par ses actes ou par ses ordres, l'engagement qu'il a pris lui-même. On ne pourrait pas qualifier de ce nom l'infraction commise par un soldat indiscipliné aux conventions conclues par son chef.

La question de savoir quand il y a eu parole donnée est aussi déterminée en grande partie par les usages. La coutume contient même sur ce point, à propos des ruses de guerre, des dispositions assez étranges et qui sont peut-être destinées à disparaître. La ruse de guerre est permise, à condition de ne pas renfermer de perfidie. Après ce que nous venons de dire, on n'aura pas de peine à adopter ce principe. Dès que nous sommes en guerre, nous avons le droit d'employer pour nuire à nos adversaires tous les moyens qui ne sont pas positivement exceptés, s'ils ne nous nuisent pas à nous-mêmes ; or, en matière de ruse, s'il n'y a pas perfidie, il n'y a pas exception, et nous n'avons plus d'autre règle à observer que nos convenances.

Y a-t-il perfidie à se servir des uniformes et des insignes de l'adversaire, par exemple pour attirer es soldats de celui-ci dans un piège ? Les uniformes et insignes, destinés à éviter des massacres inutiles, présentent un caractère essentiellement conventionnel. Ils constituent une espèce de langage, généralement admis, et auquel on doit reconnaître autant de valeur qu'aux émissions de la voix et aux signes de l'écriture. Celui qui les revêt ou les arbore déclare qu'il appartient à tel ou tel parti. Une fausse déclaration faite sous cette forme doit être assimilée à une violation de la parole donnée ; les conséquences sont les mêmes ; aussi dirons-nous que l'emploi des uniformes ou des insignes de l'ennemi constitue une véritable perfidie. La pratique en a jugé de même. Elle fait preuve toutefois dans certains cas d'une indulgence surprenante, qui serait inexplicable sans l'impossibilité dans laquelle on se trouve le plus souvent de punir les contraventions. Pourvu qu'au moment d'en venir aux mains, chaque parti arbore ses couleurs réelles et se fasse connaître pour ce qu'il est, il est permis de faire usage des uniformes et du drapeau de l'ennemi. Le droit maritime a même réglé, par un cérémoniel spécial, l'emploi de ce stratagème et précisé le moment où il doit s'arrêter. La guerre continentale est plus scrupuleuse. Elle essaie de légitimer l'emploi de l'uniforme ennemi par la nécessité de se servir des dépouilles de l'adversaire pour habiller ses propres troupes, ce qui impliquerait l'interdiction d'un tel procédé toutes les fois qu'il n'y a pas urgence. Ce serait lui faire perdre le caractère d'une ruse de guerre, et empêcher qu'on s'en serve dans le but d'induire l'ennemi en erreur. Telle est au moins la tendance qu'on a pu constater dans la guerre de la sécession américaine. Il est, en tout cas, bien difficile que ces distinctions subtiles ne portent pas atteinte au caractère sacré des insignes. Il est à désirer que l'on renonce à l'emploi des uniformes et des emblèmes de l'ennemi.

C'est parce qu'il existe entre les nations civilisées un engagement tacite de respecter les usages reçus sauf notification contraire, que les dérogations que l'on se propose de faire à ces usages doivent être signifiées au préalable. La dérogation est permise parce que sur le terrain du droit international, chacun est juge en sa propre cause et ne relève que de sa conscience.

Ces usages dérivent presque toujours d'une idée générale indiquée plus haut, du caractère essentiellement passager de la guerre régulière, de sa tendance constante au rétablissement de la paix. Les nations civilisées ne songent pas à s'exterminer, mais seulement à s'affaiblir momentanément. C'est pour cela qu'elles ont renoncé à l'usage des armes qui causent des douleurs inutiles, telles que flèches barbelées, petit plomb, verre pilé. On a également abandonné d'un commun accord certains moyens de destruction qu'on estime faire trop de ravages; ainsi les boulets à chaîne et les boulets rouges. Par la convention de St-Pétersbourg de 1868, dix-huit puissances européennes se sont engagées à ne pas faire usage les unes contre les autres de balles explosibles.

L'emploi du poison, que nous trouvons chez les sauvages, a été réprouvé dès la plus haute antiquité par les nations civilisées. Les lois de Manou se prononcent déjà dans ce sens. On connaît la conduite tenue vis-à-vis de Pyrrhus par les Romains. Si plus tard un général de cette nation empoisonna les sources d'un pays dont il voulait s'emparer, ce procédé fut flétri par l'opinion publique ou tout au moins par les écrivains.

Si l'on songe que le droit de la guerre permet de dessécher les fontaines, d'en rendre l'eau impotable en la mélangeant, par exemple, avec de la chaux, cette condamnation de l'emploi du poison est caractéristique. Il faut y voir une application du sentiment qui réprouve la trahison. Le poison est essentiellement perfide. Avec l'eau mêlée de chaux, par exemple, on se trouve en face d'un ennemi déclaré, on voit que l'eau n'est pas potable, on n'en boit pas et l'on essaie de supporter la soif. S'il y a du poison, au contraire, dans bien des cas au moins, rien n'en accusera la présence; on boira en toute confiance et l'ennemi ne se déclarera que lorsqu'il n'y aura plus aucun moyen de s'en défendre.

Cet élément de la perfidie joue un grand rôle dans le droit de la guerre; dans bien des cas, c'est le véritable critère de ce qui est permis et de ce qui ne l'est pas. Ainsi l'espionnage est permis, pourvu qu'il n'implique pas d'abus de confiance. Je n'examine pas ici la question de savoir qui l'on peut employer comme espion ; la place de ce problème est ailleurs. Ce qui est vrai de l'espionnage l'est également de la fabrication de fausses nouvelles. On n'a aucun moyen de contrainte pour empêcher l'emploi d'un tel procédé. Le fait de faire fabriquer des journaux simulés ne constitue pas une trahison ; mais on comprend que la position changerait du tout au tout si l'assiégeant, en faisant parvenir à l'assiégé des journaux pour le déterminer à capituler, garantissait par sa parole d'honneur l'authenticité de ces papiers. Ici la ruse de guerre se compliquerait d'une perfidie et cesserait d'appartenir à la catégorie des stratagèmes permis.

III. Immunités accordées aux personnes.

Quand les hommes ont commencé à se ruer les uns sur les autres, ils l'ont fait surtout parce qu'ils se trouvaient trop à l'étroit sur une terre dont ils ne savaient pas tirer suffisamment parti. Dans ces conditions-là, l'extermination était inévitable. Lorsqu'on eut mieux compris la puissance du travail, l'esclavage vint adoucir, en apparence au moins, le sort des vaincus. Le progrès, si tant est qu'il y en eut un, était surtout à l'avantage des vainqueurs, qui se procuraient de la sorte une nouvelle et très précieuse espèce de bétail. On peut se demander si une mort violente, mais rapide n'était pas préférable à la lente agonie de la servitude ; d'autant plus que le don de la vie était très précaire, que l'esclave réduit à l'état de chose pouvait à chaque instant être mis à mort. Si on l'épargnait, c'est que le vainqueur espérait en tirer meilleur parti en le faisant travailler ou en le vendant. Les vaincus toutefois purent s'imaginer avoir gagné au change ; la terreur instinctive qu'inspire le roi des épouvantements, aux hommes incultes surtout, pouvait faire naître en eux cette idée.

La marche du temps amena d'autres améliorations moins contestables. D'abord le point de vue économique se modifia, l'expérience enseigna qu'il vaut mieux vivre un peu à l'étroit sur une terre appropriée à nos besoins, que de se trouver à l'aise au milieu d'un désert insalubre et infesté de bêtes féroces ; on comprit que les hommes, même quand ils ont des nationalités différentes, sont des alliés les uns des autres, dans la lutte commune qu'ils ont tous à soutenir contre les forces de la nature. L'idée de la solidarité humaine ou, comme on dit, de l'humanité était née. Bientôt aussi on sentit que parmi les masses qui étaient impliquées dans les guerres, il y avait une distinction à faire : il s'y trouve bien des individus parfaitement innocents des maux qu'on veut prévenir ou punir. On se vit conduit de la sorte à épargner les femmes, tout en sévissant contre la partie masculine de la population. Peut-être les Romains obéissaient-ils à une préoccupation du même genre, quand ils faisaient périr les rois ennemis que le sort des armes leur livrait, tout en faisant grâce de la vie aux sujets. En tout cas, de tels ménagements supposent une guerre enfantée par des combinaisons politiques, plutôt que par le besoin de raréfier les populations. Il faut que le but poursuivi soit d'obtenir des concessions de l'adversaire, plutôt que de diminuer le nombre de ceux qui se partagent les dons insuffisants de notre nourrice commune. Il faut en outre que l'idée de l'humanité ait commencé à se faire sentir. Aussi ne faut-il pas s'étonner si nous voyons des conquérants qui ont poursuivi le rêve de la monarchie universelle se montrer plutôt favorables aux progrès du droit des gens. Alexandre-le-Grand, par exemple, est connu pour avoir eu en faveur des femmes des égards remarquables pour l'époque.

L'Inde put faire de très bonne heure un pas de plus en avant, grâce à la distinction des castes; on y épargnait les laboureurs, parce qu'ils ne portaient pas les armes et que les guerriers des divers camps espéraient tous profiter de leur travail. L'exemple donné sur les bords du Gange fut suivi et développé ailleurs. La faveur accordée aux laboureurs fut étendue à tous ceux qui se consacraient aux arts de la paix; c'est ainsi qu'on fut conduit à distinguer entre les combattants et les non-combattants.

Sur ces entrefaites, s'accomplissait dans un autre domaine une révolution importante qui devait exercer une influence sur le droit de la guerre. L'esclavage, contre lequel la philosophie, la religion et la jurisprudence protestaient depuis longtemps sans succès apparent, finit par être aboli chez les nations chrétiennes, on ne sait pas au juste depuis quelle époque. Dès lors la captivité se transforme et devient un état tout à fait provisoire. Les prisonniers doivent être rendus à la paix; on ne peut plus ni les faire travailler, ni les vendre, et si l'on en tire une rançon, c'est uniquement pendant la guerre, en raison des services qu'ils peuvent y rendre. L'intérêt du capteur lui interdit même de contraindre les captifs à servir contre leur patrie; ce serait leur faire une position désespérée, dans laquelle on aurait tout à craindre

7

d'eux, et où la trahison serait justifiée. De tels éléments feraient plus de mal que de bien dans les armées. Aussi, n'a-t-on pas eu de peine à faire poser le principe dans l'intérêt des captifs.

Dans ces nouvelles conditions, la tentation de ne pas accorder de quartier aux vaincus doit se présenter plus souvent que par le passé. En faisant des prisonniers, on ne se procure plus, à une seule réserve près, aucun avantage que l'on ne puisse obtenir d'une manière plus complète et plus durable par l'extermination. En épargnant la vie de son ennemi, on se concilie, il est vrai, l'opinion publique que l'on s'aliénerait autrement; c'est là le sens de la réserve que je viens de faire. Désormais, la substitution de la captivité à l'extermination, commandée par l'humanité et non plus par l'utilité immédiate, devient ce qu'elle n'était pas dans le principe, un avantage incontestable pour le vaincu.

Rappelons en passant que le principe en vertu duquel on doit se borner à faire à l'ennemi le mal nécessaire au but de la guerre interdit toute espèce non seulement de torture, mais encore d'attentat à la pudeur. La conservation personnelle n'implique point la satisfaction des passions sensuelles ni des instincts cruels; et le parti qui emploierait les tourments ou les actes contraires aux bonnes mœurs comme mesure d'intimidation, comme moyen d'accélérer la conclusion de la paix, se ferait mettre au ban des nations civilisées. Je n'insisterai pas sur ce point, qui est heureusement aujourd'hui à l'abri de toute contestation. J'ajoute que c'est à dessein que je n'ai pas parlé des immunités accordées aux ambassadeurs et d'une manière générale aux parlementaires. La position particulière faite à ceux-ci, et qui est probablement le plus ancien vestige du droit de la guerre, me paraît en effet accordée aux fonctions plutôt qu'aux personnes.

Le développement que je viens d'esquisser a conduit à formuler, pour lui donner une importance fondamentale, le principe que voici: la guerre se fait entre les États, mais non pas entre les particuliers. Cette règle, on le comprend, s'applique aux conflits internationaux, à l'exclusion des guerres civiles, sur lesquelles je reviendrai plus tard. Voyons les conséquences de cette règle, dans les limites dans lesquelles elle s'applique.

La guerre ne se faisant que d'État à État, tous les individus qui y prennent part agissent comme instruments et par ordre. Sans ordre, nul n'a ni le droit ni le devoir de se mêler aux hostilités; celui qui agirait contrairement à ce précepte serait non plus un belligérant, mais un criminel, au bénéfice duquel on pourrait, il est vrai, invoquer quelquefois des circonstances très atténuantes. La guerre n'a plus de nos jours le même caractère qu'au moyen âge ; le devoir des populations, qui était jadis de courir sus à l'ennemi, est aujourd'hui d'attendre les mesures prises par l'autorité. Il va sans dire que ce mot « ordre » doit être pris dans un sens un peu élastique. Il s'agit de savoir, non point l'opération particulière dont quelqu'un est chargé, mais s'il est ou non obligé ou autorisé à prendre part à la guerre au nom de l'un des belligérants. Tout le droit de la guerre consiste à mettre des restrictions à la guerre, à distinguer celle-ci de la paix. Les limites doivent être tracées dans différentes directions ; il faut les établir quant au temps, peut-être quant à l'espace et en tout cas quant aux personnes. Nous avons parlé déjà des limites relatives au temps quand nous avons expliqué la nécessité d'une déclaration. Quant aux personnes, celles qui sont chargées de l'exécution des opérations militaires sont bien distinguées, par leur costume et autrement, de celles qui n'ont pas à s'en mêler. Une fois qu'on est en guerre, les actes commis par le personnel belligérant, même contrairement aux ordres des chefs, doivent, tant qu'ils n'enfreignent pas les principes généraux du droit de la guerre, être considérés comme des actes d'hostilité et non pas comme des crimes. Les droits et les devoirs du personnel belligérant sont donc tout autres que ceux des individus auxquels cette qualité n'appartient pas.

Je viens de poser la règle théorique, mais ici comme ailleurs l'application rencontre des difficultés et nécessite des transactions. Ainsi, dans le personnel belligérant, on a été conduit à distinguer entre les combattants et les non-combattants. Ces derniers, sans être proprement chargés de l'exécution des opérations militaires, sont en quelque sorte au service de ceux auxquels incombe cette mission. Il serait à désirer qu'ils fussent soustraits aux conséquences de la guerre. Ils le sont en théorie, mais en pratique ils se trouvent exposés à des méprises et à des excès dont ils doivent pouvoir se défendre. Mais ils contreviendraient aux lois de la guerre dès qu'ils feraient usage de leurs armes en dehors des cas de légitime défense individuelle. Cette distinction entre les combattants et les non-combattants a été étendue et développée par les conventions de Genève de 1864 et 1868, qui mettent au bénéfice de la neutralité les ambulances et hôpitaux militaires ainsi que leur personnel.

D'autre part, il n'y a pas lieu de distinguer entre les soldats réguliers et nationaux d'un côté et les volontaires et corps-francs de l'autre. Le point important, c'est l'ordre, dont l'uniforme n'est que la manifestation extérieure. Des corps-francs et des volontaires sont de véritables belligérants, du moment où ils se trouvent sous les ordres de l'un des deux adversaires. Si cette condition n'est pas remplie, ils sont des criminels. Les instructions américaines, publiées à l'occasion de la guerre de la sécession, parlent d'ordre ou de consentement. Cette adjonction d'un consentement met de la confusion dans la règle posée, et je crois qu'on fera bien de la faire disparaître à l'avenir. Bluntschli l'a déjà rejetée implicitement en n'en tenant pas compte, en n'en tirant pas les conséquences. Voici, en effet, ce qu'il dit après avoir cité le règlement en question: «Les corps libres autorisés doivent être assimilés aux troupes régulières, parce qu'ils sont soumis aux ordres de chefs militaires.» Un simple consentement sans soumission aux ordres ne doit pas suffire. Il ne présente pas assez de garanties pour l'observation des lois de la guerre, pour la cessation des hostilités en temps d'armistice ou de paix, par exemple.

Passons maintenant à ce qu'on appelle les populations paisibles, à toutes les personnes qui ne sont pas appelées à prendre une part active dans les opérations militaires, et qui ne s'y trouvent mêlées que par le fait qu'elles habitent le théâtre des hostilités. Toutes ces personnes-là doivent être soustraites autant que possible aux maux de la guerre. L'application de ce principe si simple rencontre des difficultés de tout genre. Les exigences du droit entrent en conflit avec celles des opérations militaires, qui doivent avoir la préférence puisqu'on est en guerre. D'ailleurs on ne peut pas demander aux puissances belligérantes de réaliser tous les progrès proposés par les écrivains, quelque désirables qu'ils puissent être.

Une première difficulté vient de ce que la distinction établie entre l'État et ses ressortissants est, comme beaucoup d'autres, arbitraire et relative. Disons plus, elle est de celles que les progrès de la civilisation tendent à effacer tous les jours. Elle se comprend sous le régime autocratique et dynastique, où les peuples se rapprochent beaucoup de troupeaux dont on dispose sans les consulter, où ils ne perdent rien peut-être à changer de maître, et doivent désirer appartenir à celui qui sait le mieux les défendre. Mais la position est toute différente sous le régime démocratique, où chaque homme est en même temps citoyen, est appelé non seulement à servir d'instrument à l'État, mais à participer directement ou indirectement à ses résolutions.

Il ne faut pas oublier, en effet, que la disposition du droit de la guerre dont nous venons de parler est prise en faveur des populations paisibles ; elle est donc essentiellement conditionnelle. Si les habitants veulent qu'on les traite en neutres, peut-être même en amis, ils doivent user de réciprocité et s'abstenir, non seulement de tout ce qui pourrait nuire, mais de tout ce qui pourrait inspirer des craintes. On ne peut pas permettre aux populations des démonstrations hostiles et en même temps les traiter amicalement. Sans doute, les habitants d'un territoire occupé par un maître auquel ils ne veulent pas appartenir ont une position difficile. Ils sont partagés entre leur devoir et leur sympathie, entre le souverain de fait et celui qu'ils appellent le souverain de droit. Mais ce n'est pas une raison pour ne pas faire ce qui est commandé par les circonstances ; ceux qui se conduiraient mal n'auraient à s'en prendre qu'à eux-mêmes des conséquences qu'ils attireraient sur leurs têtes. L'envahisseur n'est tenu par le droit naturel qu'aux ménagements qui sont dans son intérêt ; il ne peut ni ne doit sacrifier son avantage à celui d'autrui ; dans sa position, ce serait non pas un acte de générosité, mais une faiblesse. Il épargne les populations parce qu'il compte sur leur reconnaissance. Si cette condition fait défaut, son propre intérêt lui défendant maintenant ce qu'il lui commandait auparavant, il devra pourvoir à sa sécurité en recourant au besoin à des châtiments, aux otages, aux représailles etc.; de la sorte les innocents pâtissent souvent pour les coupables, mais cela est inévitable dans les circonstances données. Si les populations veulent se soustraire à des malheurs de ce genre, elles doivent s'arranger pour qu'ils ne soient pas nécessaires; elles doivent écarter par les

précautions de la justice sociale les funestes conséquences de la justice naturelle, toujours aveugle et
grossière.

La légitimité des rigueurs exercées est donc une
question de fait autant que de droit. Tout dépend
de la conduite et de l'attitude des populations. Les
manifestations, en particulier, font du tort à la
cause qu'elles prétendent servir; elles autorisent
l'ennemi à un redoublement de sévérité, lors
même qu'elles ne lui nuisent pas véritablement.

Evidemment de ce côté l'avenir se présente gros
d'orages. Dans le siècle passé et au commencement
du nôtre, les guerres se faisaient dans des conditions à part, propres à donner une importance exceptionnelle à la distinction établie entre l'État et
les particuliers. Nous sortons d'une période de
monarchie absolue, à laquelle a succédé comme
réaction la période révolutionnaire. Pendant la
première phase, l'indifférence des populations
n'était pas trop improbable. Les peuples ne pre-
naient aucune part à la déclaration de guerre. Ils
s'intéressaient peu à l'issue du conflit, car les hostilités avaient souvent pour but des questions
purement dynastiques: ainsi la guerre de la succession d'Espagne. Si l'on songe que les effets ne sui-
vent jamais la cause que de plus ou moins loin, et
qu'il faut souvent une ou plusieurs générations
pour que les idées engendrées par certaines cir-

constances entrent dans le domaine de la pratique, on ne s'étonnera pas si j'attribue à l'époque absolutiste une part assez considérable dans la formation des idées modernes. Vient ensuite la phase révolutionnaire. Comme les Sarrasins dix siècles auparavant, les armées françaises se précipitent sur le monde avec une nouvelle croyance ; elles veulent renverser les gouvernements de droit divin pour en établir d'autres, basés sur la souveraineté populaire. Je n'ai pas à examiner jusqu'à quel point cette prétention était fondée ; elle existait et cela nous suffit. Dès lors les armées françaises devaient ménager les populations dont elles combattaient les gouvernements. Les adversaires, qui se présentaient comme les champions de l'ordre et de la civilisation contre la barbarie, étaient bien obligés de ne pas se laisser vaincre en humanité.

Aujourd'hui, le principe de la souveraineté populaire a cause gagnée. Si dans certains pays il n'a pas renversé les dynasties, c'est qu'il a préféré les prendre à son service. Ce changement constitue tout à la fois un grand progrès et un grand danger. A l'avenir, les guerres seront plus rares, mais plus terribles; elles prendront un caractère national, se feront pour les intérêts des peuples dont l'indifférence sera remplacée par l'enthousiasme, peut-être même par l'exaspération. Peut-on s'attendre à ce que les populations ne manifestent aucune alveillance pour un ennemi qui pénètre chez elles contre leur volonté, pour un conquérant qui vient se substituer au gouvernement qu'elles se sont choisi? Elles seront sollicitées par leurs sympathies, par leurs devoirs de citoyens telles qu'elles se les représentent, de favoriser le parti national. Si elles ne le font pas, elles s'exposeront, une fois la guerre finie, à des reproches, à des vengeances et au déshonneur. On ne peut pas mieux demander aux envahisseurs de supposer aux habitants des sentiments que ceux-ci ne peuvent pas avoir. De là certains actes, déplorables sans doute, mais inévitables tant qu'on ne prendra pas pour y mettre fin des mesures sérieuses. Il faut ici autre chose que des déclamations et des malédictions prononcées à tort et à travers, et sur lesquelles jamais homme de caractère ne voudra régler sa conduite.

Qu'y a-t-il à faire ? Bien des choses peut-être; je n'en veux indiquer qu'une seule : il faut mettre l'éducation populaire à la hauteur des exigences des temps modernes. Un peuple qui est son propre maître a plus de devoirs qu'un autre. La démocratie, pour être un bien et non pas un mal, suppose un développement considérable de la conscience et de la morale publiques. Voici en particulier la direction que ce développement doit prendre, si l'on veut parer aux inconvénients que je viens de signaler.

En matière politique surtout, le développement de la civilisation s'opère en deux sens opposés, destinés à se servir réciproquement de contre-poids : la distinction des fonctions et la participation de tous aux affaires publiques. Chaque progrès dans un de ces sens en appelle un dans le sens opposé, sous peine de détruire l'équilibre et l'harmonie.

La société moderne repose sur la division du travail et des pouvoirs, qui tend à se développer tous les jours, dans certains domaines au moins. Les carrières commerciales ou industrielles se spécialisent de plus en plus. La religion et la science, qui se confondaient dans les antiques civilisations orientales, sont aujourd'hui séparées, malheureusement trop séparées. Et cependant la démocratie, ecclésiastique et politique, appelle chaque individu à donner son concours théorique et pratique à des choses très différentes. Platon divisait les ressortissants de sa république en deux classes : la première comprenait les philosophes et les guerriers, qui vivaient sous le régime de la communauté des biens ; dans la seconde on trouvait les agriculteurs, les industriels, les commerçants, auxquels il était permis d'avoir une propriété privée, mais qui étaient exclus de toute participation aux affaires publiques. De nos jours, chacun peut avoir sa propriété particulière, vaquer à ses affaires, commerciales ou autres ; chacun pourtant est appelé comme soldat à concourir à la défense du pays, à participer, au moyen du suffrage universel, à l'administration de la fortune et des affaires communes. Les deux caractères attribués par Platon à deux classes différentes se trouvent aujourd'hui réunis dans le même citoyen. La spécialité des jurisconsultes de profession, ce sont les dispositions du droit positif, qui ont toujours plus ou moins le caractère d'expédients, et les conséquences qu'elles entraînent. Quant aux principes fondamentaux du droit naturel, qui se confondent avec ceux de la religion, ils doivent être confiés à la garde du peuple entier, et par conséquent ils doivent être mis à sa portée. Le corps des jurisconsultes se trouvera de la sorte soumis à une espèce de surveillance de la part du peuple, puisque le droit positif ne doit jamais être qu'une application du droit naturel. Mais loin d'en être compromis, ce corps s'en trouvera épuré, débarrassé des éléments interlopes qui le déshonorent.

Le caractère compliqué de notre civilisation exige beaucoup de discernement dans l'esprit et beaucoup de discrétion dans la conduite. Il est très important de distinguer les diverses positions, et les conséquences souvent opposées qui en découlent. Un même individu peut être appelé à jouer des rôles très divers ; mais il doit toujours remplir les devoirs de son rôle, se conduire en soldat quand il est soldat, en laboureur quand il est laboureur. Le même acte qui sera honorable au plus haut degré, s'il est commis par un militaire revêtu de son uniforme, sera un crime, une perfidie s'il a pour auteur une personne appartenant à ce qu'on appelle les populations paisibles. Libre à chacun de faire preuve de patriotisme et de bravoure, mais à condition d'entrer dans les rangs des belligérants déclarés. Ce qui est commandé dans une position est interdit dans une autre. On me dira que je fais là des distinctions subtiles; mais il faut habituer les populations à les faire, si nous voulons éviter de retomber dans une barbarie d'autant plus funeste qu'elle aura tous les défauts d'une société raffinée.

IV. Immunités accordées aux biens.

Les immunités accordées aux personnes seraient inutiles et dérisoires si elles ne s'étendaient aussi aux biens, aux conditions d'existence de ces personnes. Cette idée se combine avec d'autres qui en restreignent les effets.

Puisque la guerre se fait entre les Etats et non entre les particuliers, les propriétés privées devraient être inviolables. En pratique, il ne peut pas en être tout à fait ainsi. D'abord la guerre, la

erre continentale au moins, a nécessairement
our théâtre un territoire. Celui-ci comprend le
omaine privé comme le domaine public. Les opé-
tions militaires seraient impossibles si elles
devaient se borner aux routes et aux terrains vagues. Elles s'étendent aux propriétés foncières des
particuliers, dont elles peuvent suivant leurs besoins saccager les récoltes, détruire et transformer
les bâtiments et les travaux d'art. Sans doute, il
est généralement admis qu'un ordre écrit d'un officier supérieur est nécessaire pour autoriser des
destructions importantes. De la sorte on est à peu
près sûr que les bâtiments ne seront pas attaqués
sans nécessité sérieuse. On est protégé contre la
légèreté et les entraînements des inférieurs ; mais
le droit du souverain belligérant n'en est pas en-
tamé. La guerre met en évidence la vérité de deux
principes qui ont malheureusement trop de peine
à se faire reconnaître. Le premier, c'est que le véritable propriétaire du fonds, c'est l'État, tandis que
les particuliers n'en ont guère que le domaine
utile, qu'un usufruit transmissible aux héritiers.
L'autre principe, formulé par le droit féodal, fait
des meubles les accessoires de l'immeuble sur
quel ils se trouvent. Il est impossible que la
erre faite à l'État ne s'étende pas, dans une cer-
ne mesure au moins, aux propriétés foncières
ortissant de cet État et aux propriétés mobi-

lières qui le garnissent. On ne peut pas même ici tenir compte de la nationalité des propriétaires; les amis et les neutres ne doivent pas s'attendre à ce que leurs domaines soient respectés.

Le principe moderne proclamant l'inviolabilité de la propriété privée n'est pourtant pas sans effet. Il a pour première conséquence incontestable d'interdire le pillage, incompatible à deux égards avec nos idées actuelles. Tel qu'il se pratiquait chez les peuples barbares, au moyen âge et du temps de Grotius, il était un moyen d'enrichir le soldat, un particulier par conséquent, au détriment de particuliers ennemis. Un pareil système présente de graves inconvénients, même pour celui qui le pratique; il compromet sérieusement la discipline; aussi les Romains y ont-ils apporté un tempérament d'autant plus caractéristique que le moyen âge n'a pas compris la nécessité de l'imiter. Le soldat au service occupait non plus pour son compte particulier, mais pour celui de l'État. Le général seul disposait du butin; il en disposait, il est vrai, en grande partie pour récompenser le soldat; mais rien ne l'aurait empêché d'agir autrement, s'il l'avait trouvé convenable. La guerre se faisait donc encore au détriment des particuliers; elle ne se faisait plus directement au moins à leur profit. C'était un notable progrès; mais on n'était encore qu'à mi-chemin. Après la rechute passagère du

oyen âge, les temps modernes ont posé en principe l'inviolabilité de la propriété privée, toutes les
fois qu'elle n'est pas incompatible avec les exigences des opérations militaires.

Le pillage a donc disparu, il a été remplacé
dans certaines occasions par le système des réquisitions, moins funeste certainement, mais peut-
être plus odieux, parce qu'il n'a pas l'excuse de la
passion. Les réquisitions sont-elles compatibles
avec l'inviolabilité de la propriété privée ? évidemment non ; aussi ne se justifient-elles que lorsqu'elles sont nécessitées par les exigences de la
conservation personnelle et des opérations militaires. Reste à savoir jusqu'où vont ces exigences.

Il est évident que l'envahisseur doit prendre ses
quartiers où il se trouve. Il faut en dire autant des
moyens de transport dont il a besoin. Aussi le
droit d'exiger des habitants du territoire occupé
ces deux prestations, dont la dernière est connue
sous le nom d'angarie, n'est-il guère contesté. La
position change un peu s'il est question de munitions, de vivres, de vêtements, toutes choses que
l'envahisseur peut amener avec lui. Il semble donc
au premier abord qu'il ne devrait faire aucune
réclamation de ce genre. Mais la position n'est pas
toujours aussi simple. Les approvisionnements
une armée qui occupe un pays ennemi sont loin
d'être toujours assurés ; ils peuvent être retardés,

peut-être même coupés ; il faut alors y suppléer, en mettant à contribution les populations au milieu desquelles on se trouve.

D'ailleurs, il peut y avoir des mesures à prendre contre les habitants du pays occupé, pour les empêcher de secourir l'armée nationale par l'envoi d'approvisionnements, et d'affamer les envahisseurs sans apparence d'hostilité. On comprend qu'un général, arrivant dans une ville où se trouvent des magasins de provisions, devra s'en emparer pour entretenir ses propres troupes et empêcher qu'on ne les fasse parvenir à ses adversaires. Il ne faut pas oublier seulement que la guerre se faisant d'État à État, les prestations imposées aux populations ne doivent les frapper qu'à titre d'intermédiaires, et retomber finalement sur l'État auquel celles-ci appartiennent. L'envahisseur devra procéder régulièrement et délivrer des reçus qui rendent un dédommagement possible.

J'ai dit plus haut que tout le territoire étant nécessaire aux opérations militaires, on ne peut pas faire de distinction entre les propriétés foncières publiques et les privées. Cela est vrai, tant qu'il y a encore des opérations militaires proprement dites ; mais une fois le pays au pouvoir de l'envahisseur, la position change. La propriété privée peut maintenant être respectée sans nuire au but de la guerre ni à la sécurité des envahisseurs ; dès lors elle doit l'être. La guerre se faisant d'État à État, l'envahisseur s'empare du domaine public et en perçoit les fruits. Mais tant qu'un traité de paix n'a pas régularisé la position, il ne doit se considérer que comme un administrateur ou comme un usufruitier. Je pose le principe sans entrer dans le détail des conséquences. Quant aux propriétés privées, mobilières ou immobilières, elles redeviennent inviolables.

A côté des propriétés publiques, l'envahisseur acquiert encore la souveraineté provisoire du territoire occupé; à ce titre il peut réclamer des habitants certaines prestations en lieu et place du souverain dépossédé. Il ne peut être question toutefois d'enrôler ou d'utiliser d'une manière quelconque pour ses opérations militaires les habitants des pays qu'il détient temporairement. Nous ne sommes plus au temps où l'homme est attaché à la glèbe. Le système qui tend à prévaloir de plus en plus est que chacun choisit l'État auquel il veut appartenir. Sans doute l'usage de cette liberté peut se trouver restreint par les circonstances ; mais les obstacles de fait n'infirment pas le principe de droit. Pour que les habitants d'un pays occupé changent de souverain et de patrie, il faut qu'il s'opère dans leur volonté une modification manifestée par un acte positif ou par un consentement donné aux changements extérieurs qui ont eu lieu.

Or tant que la guerre dure, tant qu'une position définitive n'a pas été établie ou rétablie par un traité de paix, les habitants des territoires occupés ne sont pas en mesure de manifester leur volonté sous une forme active ou passive. Ils sont forcés d'attendre, et il ne faut pas s'en prévaloir contre eux. Ils ne sont point des sujets du vainqueur ; leur position est celle de gens domiciliés à l'étranger ou, si on le préfère, de prisonniers de guerre. On ne doit pas les forcer à combattre contre une patrie à laquelle ils ont peut-être l'intention de rester fidèles. Ainsi la souveraineté provisoire créée par l'occupation ne porte que sur les choses ; elle implique le droit de percevoir des impôts, mais elle ne saisit les personnes que dans leurs rapports avec les choses.

La question que je viens d'examiner se rapproche beaucoup d'une autre que voici. On a prétendu que les propriétés privées ne doivent être respectées que lorsque leurs maîtres se trouvent là pour faire reconnaître leurs droits. Les choses au contraire dont les propriétaires sont absents devraient, suivant cette opinion, être considérées comme délaissées et pourraient être capturées par l'ennemi. Mais il ne peut être question ici d'un véritable délaissement, car celui-ci exige l'intention de ne plus posséder. Or en cas de guerre, ceux qui abandonnent leurs propriétés le font malgré eux, dans la perspective d'un danger qui est con-sidérable pour peu que les armées envahissantes ne soient pas parfaitement disciplinées. Peut-être aussi les propriétaires sont-ils empêchés par quel-qu'autre circonstance ; ils sont malades, absents, appelés au service de leur pays ; ils seront morts peut-être et les héritiers n'auront pas encore pu recueillir leur succession. Bref, l'absence du pro-priétaire ne suffit pas à donner à une chose le caractère d'une *res nullius*; tout au plus dispense-t-elle de la remise de la reconnaissance ordinaire le belligérant qui se penserait autorisé par les exi-gences militaires à s'en emparer. Autrement, le principe de l'inviolabilité de la propriété privée deviendrait une dérision.

V. La Guerre maritime.

On n'a pas encore réussi à faire appliquer à la guerre maritime les dispositions exposées plus haut, du moins pas complètement. Comme les jurisconsultes romains l'avaient déjà reconnu, la mer appartient à tout le monde. Tous les peuples devraient en user sans qu'aucun s'en attribue la propriété exclusive. Aussi cette propriété ne devrait-elle jamais faire l'objet d'hostilités. Comment se fait-il donc qu'il y ait des guerres maritimes ?

Le commencement des temps modernes assiste

à un phénomène historique particulier. La puissance maritime d'une certaine nation, qui du reste n'est pas toujours la même, prend un développement tel qu'elle peut braver impunément toutes les autres. Il se passe alors sur l'océan ce qui avait eu lieu sur le continent lorsque l'empire romain était à son apogée. La prédominance exclusive et absolue d'une puissance aboutit à l'anéantissement du droit. Le droit en effet est un consentement; il suppose l'harmonie de plusieurs volontés, et par conséquent leur existence. Dès qu'il n'y a plus qu'une seule puissance, laquelle n'a plus à compter avec personne, il ne peut être question de droit; les intérêts, les volontés et les caprices de cette puissance font loi.

Un tel état de choses ne doit pas durer, pas plus sur terre que sur mer. Mais il ne suffit pas de protester contre les abus, de proclamer que ce qui est ne devrait pas être ; il faut créer les conditions d'un état de choses meilleur. La condition d'existence d'un droit pour la guerre de mer, c'est la coexistence de plusieurs puissances maritimes. Il fallait que les nations exclues de l'usage de l'océan se missent en mesure de tenir en échec, seules ou coalisées, celle qui jouissait du monopole. C'est aussi ce qui est arrivé. On a fait perdre à Venise, à la Hollande, à l'Angleterre leur suprématie exclusive. Mais la nature des choses semble vouloir jeter le droit d'un extrême dans l'autre. La guerre maritime est restée longtemps plus barbare que celle de terre; peut-être va-t-elle être complètement supprimée. La propriété privée est souvent l'unique objectif que puissent se proposer les opérations navales. Quand navires et cargaisons pourront traverser librement les mers, sans avoir rien à craindre de la marine ennemie, la guerre maritime, réduite au blocus des ports, à l'attaque des côtes, ne sera plus qu'un accessoire de la guerre continentale. Reste à savoir si les belligérants s'en contenteront. Dans ces dernières années, on a fait de notables progrès dans le sens de l'inviolabilité de la propriété privée sur mer; on n'a pas encore réussi toutefois à faire reconnaître généralement le principe.

En attendant, l'application des principes imparfaits dont on a dû se contenter jusqu'ici exige des dispositions et des institutions particulières. De ce nombre est la course, qu'on a définie le moyen donné à la propriété privée pour se défendre. Les Américains ont compris ce point de vue, lorsqu'ils ont refusé leur adhésion à l'abolition de la course, aussi longtemps que le principe de l'inviolabilité de la propriété privée ne serait pas étendu aux guerres maritimes. Une puissance dont la marine marchande serait considérable, mais qui n'aurait pas de navires de guerre, perdrait avec la

course la seule arme qu'elle aurait à sa disposition.

Le régime actuel a nécessité également l'institution de tribunaux des prises, qui portent encore
l'empreinte de la justice propre. Leur caractère est
administratif et non pas diplomatique; en d'autres
termes, ils prononcent si le capteur a agi conformément aux instructions du belligérant dont il
tient son mandat; l'observation des règles du droit
de la guerre ne le concerne pas directement. Il est
vrai que dans le moment actuel, on réclame des
modifications à cet état de choses et la création de
tribunaux des prises à caractère vraiment international. Une telle réforme se justifierait pleinement;
mais comme elle n'est pas encore au nombre des
faits accomplis, je ne puis ici que la mentionner.

CHAPITRE III.

LES DROITS DES NEUTRES.

I. *Généralités.*

Les neutres sont les États qui restent les amis des deux adversaires, sans devenir les ennemis d'aucun. Quels sont les droits et les devoirs qui dérivent de cette position?

Il est évident d'abord que le neutre n'a pas le droit de donner aux deux parties des subsides égaux; ce serait éterniser le conflit, ruiner les belligérants l'un par l'autre, prendre la position la plus absolument opposée à celle qui constitue la neutralité.

On peut, au contraire, rendre librement et sans se compromettre en aucune manière, soit à l'un des adversaires, soit aux deux, tous les services qui, ne favorisant pas les opérations militaires et présentant exclusivement le caractère de la charité, n'impliquent pas d'hostilité pour l'autre partie.

Les ressortissants neutres peuvent-ils prendre individuellement part à la guerre? En principe, il faudrait répondre non. Mais on s'est trouvé ici en face de deux difficultés, d'une question de possibilité et d'une question de convenance. L'État ne peut pas toujours empêcher le particulier d'agir à sa guise; il le pourrait que cela ne serait peut-être pas bon. L'individu sans doute n'est pas une personne internationale, parce qu'il ne dispose pas de moyens assez considérables pour forcer le respect des autres personnes internationales. Mais il n'est pas non plus seulement le ressortissant d'un souverain; il est aussi une personne naturelle; il a sa volonté à lui, qu'on ne peut ni ne doit complètement annihiler. L'État a besoin des énergies individuelles; il a le devoir de leur laisser leur sphère, dans laquelle ils puissent agir et se développer librement, dans laquelle par conséquent l'État renonce à intervenir, à leur imposer sa propre volonté. Le droit international et le droit de la guerre ont reconnu ce principe en pratique. A cette considération de convenance s'en joint une autre de nécessité. Il n'est pas toujours possible de diriger la conduite des ressortissants; il y a lieu d'admettre des tempéraments dans l'application du principe de responsabilité. Il y a là une concession que tout le monde fait parce que tout le monde en a besoin. Restent à déterminer les limites de la responsabilité du souverain.

Les États neutres ne peuvent pas fournir de troupes aux belligérants. S'ils le faisaient, ils cesseraient d'être neutres. D'autre part, il est généralement admis que les sujets neutres peuvent, sans compromettre l'État auquel ils appartiennent, prendre comme individus du service dans l'une ou l'autre des armées belligérantes. Seulement les États neutres ne doivent pas permettre d'enrôlements sur leur territoire ; en outre, les ressortissants neutres qui se mettent au service des belligérants doivent se soumettre à toutes les conditions imposées aux soldats de l'armée dans laquelle ils entrent, renoncer par conséquent aux bénéfices de la neutralité.

Cette tolérance accordée aux sujets neutres n'est pas d'origine récente. Elle était contraire à l'esprit de l'antiquité qui absorbait le citoyen dans l'État. Aussi l'apparition de ces mercenaires qui vont offrir leurs bras à des puissances étrangères auxquelles leur patrie ne doit rien, doit-elle être considérée comme un symptôme de décadence politique. Au commencement des temps modernes, les troupes mercenaires jouent un grand rôle ; alors c'est un signe d'enfance politique. On n'est pas encore sorti du régime féodal ; le pouvoir appartient, non pas aux peuples, mais aux dynasties. Celles-ci sont intéressées à favoriser les enrôlements étrangers ; elles y trouvent les moyens, non seulement de soutenir les querelles qu'elles ont entre elles, mais encore de tenir au besoin leurs propres sujets en échec. C'est ainsi que s'est introduit un mode de vivre qui s'est conservé de nos jours par un tout autre ordre de considérations, par respect pour la liberté individuelle.

Le principe en vertu duquel chacun a le droit de choisir l'État auquel il veut appartenir tend à prévaloir de plus en plus. Le développement de cette règle conduit à des conséquences qui peuvent paraître excessives, mais qui ne peuvent guère être évitées. L'adoption d'une patrie peut s'opérer d'une manière partielle et temporaire, sans préjudice du principe qui tend aussi à prévaloir, que chacun doit n'avoir qu'une patrie ; on peut même dire que le premier principe facilite l'application du second en en restreignant les exigences. Si, d'un côté, la sécurité des rapports a pour condition que le même individu ne puisse pas sur un même point se donner comme ressortissant, tantôt d'un État, tantôt d'un autre, cette raison ne s'oppose pas à ce que quelqu'un divise sa personnalité, se fasse soldat d'un pays tout en restant citoyen d'un autre. Ce qui importe, c'est de rester conséquent dans chacune des deux positions prises. On peut invoquer à l'appui de cette thèse des phénomènes analogues. Celui qui vit à l'étranger n'est qu'imparfaitement soumis aux lois de son État d'origine ; il dépend peut-être tout autant de celles du pays où il réside. Bien que les personnes soient pour un

État un élément plus essentiel que le territoire, il n'en reste pas moins vrai que l'État domine le territoire beaucoup plus que les personnes ; celles-ci peuvent se soustraire à la surveillance et à l'influence du souverain en s'en allant à l'étranger. C'est pour cela qu'on a été conduit à rendre un État responsable de ce qui se passe sur son territoire, plutôt que des faits et gestes de ses ressortissants ; et ce principe, suivi d'instinct plutôt que formulé et conscient, va se retrouver dans la question qui nous occupe.

Le ressortissant neutre peut donc prendre part aux hostilités, mais il faut pour cela qu'il se mette complètement aux ordres d'un belligérant, qu'il en revête l'uniforme, absolument comme les soldats nationaux. Si ces précautions n'étaient pas remplies, le ressortissant neutre rentrerait dans la catégorie des criminels et serait traité comme tel. En lui-même, en effet, bien qu'il soit une personne naturelle, il n'est ni une personne internationale, ni même une personne belligérante. Dans les conflits internationaux, il n'a de droit qu'en sa qualité de ressortissant de l'un des adversaires reconnus. S'il désire prendre le caractère d'un belligérant, il faut qu'il se le fasse attribuer par un souverain qualifié pour le faire, en d'autres termes, par un souverain qui ait lui-même cette qualité. Or la qualité de belligérant et celle de neutre sont exclusives ; on ne peut pas être belligérant pour attaquer et neutre pour se défendre. Le ressortissant neutre ne peut acquérir la qualité de belligérant qu'en changeant, partiellement au moins, sa patrie d'origine contre une autre. Ce sera désormais de la nation sous les drapeaux de laquelle il s'est enrôlé qu'il tiendra ses droits ; c'est parce que cette nation l'aura adopté, le couvrira de sa protection, qu'il se trouvera belligérant et non pas criminel. Mais du moment où le souverain belligérant l'expulserait de son armée, il perdrait les droits et les devoirs du soldat pour reprendre la position d'un ressortissant neutre ou d'un membre de la population paisible; la participation aux hostilités lui serait dès lors interdite de nouveau.

Ainsi le ressortissant neutre peut abandonner son souverain d'origine, pour se placer temporairement sous la protection d'un autre. Dès lors ce sera le souverain d'adoption, et non pas le souverain d'origine qui sera responsable des actes du ressortissant en question. Mais cette décharge concerne les personnes à l'exclusion du territoire. Chaque souverain reste responsable de ce qui se passe chez lui ; c'est pour cela que si, d'une part, les ressortissants neutres peuvent aller s'enrôler chez les belligérants, si les souverains neutres doivent le permettre et si le droit de la guerre n'y doit pas voir une infraction à la neutralité ; d'autre part, le souverain neutre ne doit pas permettre aux belligérants, ni à l'un des adversaires, ni à tous deux, de venir faire des enrôlements sur son territoire. S'il le faisait, il violerait ses devoirs de neutre, comme en prêtant son territoire à des opérations militaires.

Les mêmes principes régissent la question des subsides financiers. L'État neutre ne doit pas plus fournir aux belligérants de l'argent que des troupes. Il ne doit pas même permettre que des souscriptions s'organisent sur son territoire au profit de l'un des adversaires ou de tous les deux. Les souscriptions ayant exclusivement le caractère de bienfaisance sont naturellement exceptées. Mais on ne peut pas empêcher les ressortissants neutres de prêter comme particuliers de l'argent aux belligérants; d'autant moins que ces prêts sont le plus souvent, non pas des subsides destinés à soutenir une cause, mais de pures opérations financières. On peut même dire qu'il est bon de donner un encouragement aux États qui s'acquittent scrupuleusement de leurs engagements, de leur mettre en perspective, pour le cas où ils auraient besoin d'argent, l'appui de l'opinion publique sous la forme de crédit, de leur procurer ainsi un avantage réel sur les États qui inspireraient la défiance par leur mauvaise foi ou leur mauvaise administration. On augmentera de la sorte l'influence de l'opinion publique, qui doit devenir la reine du monde, qui manifeste sa puissance par des enrôlements étrangers, et qui doit pouvoir le faire aussi à l'occasion des emprunts.

II. *Les relations commerciales.*

Notre civilisation moderne n'admettant pas que les États fassent le commerce, des envois non seulement d'armes et de munitions, mais même de vivres faits à un belligérant par un souverain neutre seraient considérés à bon droit comme des actes politiques, comme une violation déguisée des devoirs de la neutralité. Il ne peut donc être question ici que des relations commerciales des particuliers.

Les neutres ont le droit de demander qu'on respecte leur négoce, et les belligérants qu'on ne contrarie pas leurs opérations militaires. Ces deux exigences ne peuvent pas toujours se concilier; il faut leur assigner à chacune leur domaine. Sur terre, la limite des deux régimes se trouve naturellement déterminée par celle des territoires. Il en résulte les deux règles suivantes:

1° Le commerce entre un neutre et un belligérant est libre tant qu'il se renferme dans le territoire des deux parties commerçantes.

2° Les belligérants ont le droit de prendre sur

leur territoire les mesures qu'ils jugent convenables, fussent-elles même préjudiciables au commerce neutre.

Ces deux règles s'appliquent au territoire de fait plutôt qu'à celui de droit. La compétence des belligérants doit s'étendre aux pays occupés.

Simple du côté de la terre, la question se complique du côté de la mer, où il n'y a plus de domaines distincts, parce que toutes les nations tant neutres que belligérantes en jouissent en commun. Entre les exigences du commerce et celles de la guerre il s'élève un conflit, qui dans l'origine est tranché par la force, en faveur de la guerre. Les puissances qui sont à tour de rôle maîtresses exclusives de la mer prétendent empêcher tout commerce de leurs adversaires avec les neutres. Mais elles doivent reculer devant la résistance qu'elles rencontrent chez ces derniers. Les neutres ont conquis d'abord le droit de trafiquer sur mer avec les belligérants, pourvu qu'ils ne contrarient pas directement les opérations militaires. Les belligérants conservent même assez longtemps le droit de saisir, soit les marchandises neutres sous pavillon ennemi, soit les marchandises ennemies sous pavillon neutre. La saisie des biens neutres sous pavillon ennemi se motive par le fait que, sous le régime des lois de la guerre, la nationalité des choses est déterminée par leur situation, et non

par la nationalité du propriétaire. Les biens ennemis sur territoire neutre sont aussi inviolables que
les biens neutres. Les immeubles et les meubles
appartenant à des neutres, mais situés sur le théâtre de la guerre, sont empruntés pour les opérations militaires aussi bien que s'ils appartenaient
à des ressortissants des États belligérants. S'ils ne
peuvent pas être capturés, c'est qu'ils participent à
l'inviolabilité de la propriété privée sur terre. Les
navires sur mer étant considérés comme une por-
tion du territoire de la nation dont ils portent le
pavillon, on applique le même principe sur mer,
sauf l'importante différence que la propriété privée
est saisissable. Par un reste de la préférence accordée longtemps aux exigences de la guerre sur celles du commerce, on invoque la loi du territoire
quand elle profite aux belligérants, on l'ignore
quand elle leur est contraire. C'est ainsi que pendant un certain temps, on confisque aussi bien la
marchandise neutre sous pavillon ennemi que la
marchandise ennemie sous pavillon neutre. On est
même allé jusqu'à entraîner le navire dans la con-
fiscation de la cargaison, la cargaison dans celle
du navire. Un pareil système, les corsaires aidant,
faisait un mal inouï au commerce, dont heureusement les intérêts sont plus tard mieux compris et mieux défendus. L'idée d'étendre à la
guerre maritime l'inviolabilité de la propriété pri-

vée commence à se faire jour. On n'ose pas encore attaquer en face le principe opposé, mais on le circonvient, on ne l'applique pas d'une manière conséquente. Certaines nations se font octroyer des privilèges spéciaux dans le sens indiqué. Le principe que le pavillon couvre la marchandise s'introduit et prend déjà de l'importance au XVIIe siècle. En d'autres termes, la loi du territoire finit par s'appliquer dans les deux sens, au détriment des belligérants comme à leur profit.

On ne pouvait pas s'arrêter là ; le traité de Paris de 1856, sollicité par l'Amérique de décréter l'inviolabilité de la propriété privée sur mer, fait au moins un pas dans ce sens ; il déclare insaisissables les biens neutres sous pavillon ennemi, sauf la contrebande de guerre. La loi territoriale, à l'inverse de ce qui se passait naguère, s'applique pour restreindre le droit des belligérants et ne s'applique pas pour l'étendre. La préférence accordée aux opérations militaires se manifeste pourtant toujours dans le droit de blocus et celui de visite.

III. *Le Blocus.*

Le droit de blocus est la réduction de celui que s'arrogeaient les belligérants d'empêcher tout commerce de leurs adversaires avec les neutres. Après bien des péripéties, les deux neutralités armées de 1780 et de 1800, et surtout le traité de Paris de 1856 ont fini par circonscrire les droits des belligérants. Ceux-ci ne peuvent interdire aux vaisseaux neutres que l'accès des ports réellement bloqués, c'est-à-dire entourés par l'ennemi de navires stationnés et suffisamment rapprochés. Un vaisseau neutre n'est coupable de violation de blocus, n'est exposé par conséquent à la saisie que lorsqu'après avoir été averti par un vaisseau de guerre ou un corsaire de la puissance bloquante, il cherche néanmoins à franchir par ruse ou par force la ligne interdite. Le traité de Paris de 1856 déclare régulier dans les conditions indiquées le blocus non seulement de ports, mais même de côtes. Il est vrai que la nature des choses ne permettra que rarement de faire usage de cette extension. Aux conditions énùmérées, il faut en ajouter une que l'usage avait établie même avant la régularisation de l'institution : je veux parler de la notification du blocus faite aux puissances neutres par voie diplomatique, et destinée à atténuer les inconvénients de la mesure prise. Quand les circonstances l'exigent, quand par exemple le port à cerner se trouve très éloigné, il peut y avoir blocus anticipé ou de fait ; la notification a lieu après coup. Les navires neutres auxquels le blocus réel, de droit ou de fait, aurait été dûment notifié et qui chercheraient néanmoins à passer outre peuvent être confisqués, dans certains cas même avec la cargaison. D'autre part, le droit de la guerre n'autorise plus les blocus fictifs, ceux de localités qui ne seraient pas entourées par la puissance bloquante de navires stationnés et suffisamment rapprochés.

Après avoir décrit le phénomène, il faut l'expliquer ; il faut, comme on dit, en poser l'espèce. Le motif du droit de blocus, ce sont les nécessités de la guerre, l'intérêt qu'ont les belligérants à faire respecter leurs opérations militaires. Il ne peut pas y avoir de blocus sans guerre et les prétendus blocus pacifiques ne sont que des actes d'hostilité déguisée et limitée.

Mais les belligérants n'ont pas le droit de faire tout ce que réclame leur intérêt ; ici comme ailleurs, le droit, c'est l'intérêt particulier dans les limites dans lesquelles il s'accorde avec l'intérêt général. La haute mer appartient en commun à toutes les nations, qui en usent comme les particuliers usent des voies publiques ; elles ne peuvent pas s'exclure les unes les autres, mais elles peuvent demander de n'être pas troublées dans leur jouissance. Nous sommes, en d'autres termes, en présence d'un cas non de propriété, mais de possession. Par une coïncidence certainement fortuite, les règles de détail qui s'appliquent au blocus s'accordent avec celles du droit romain en matière de possession. Ainsi le droit de la guerre admet généralement que les intentions réalisables ont droit à être respectées, même quand la réalisation en est momentanément suspendue. « C'est une hostilité, dit Vattel, que d'enlever à l'ennemi ce qu'il prétend retenir. » A plus forte raison les neutres se rendraient-ils coupables d'un manque d'égards vis-à-vis des belligérants s'ils profitaient, pour violer un blocus, du moment où la force majeure des éléments naturels, un orage par exemple, s'oppose provisoirement à ce qu'on en remplisse les conditions comme on le voudrait. On trouve en droit romain une idée semblable.

IV. *Le Droit de visite et la Contrebande de guerre.*

La visite est le procédé dont usent les belligérants pour s'assurer que les neutres remplissent bien leurs devoirs. Le droit n'aurait probablement jamais eu la hardiesse de créer une pareille institution. Il l'a trouvée établie par l'emploi de la force et n'a fait que la régulariser. Nous avons vu les puissances auxquelles appartenait la suprématie des mers essayer de détruire tout commerce de leurs ennemis, même avec les neutres, saisir en particulier les marchandises ennemies sous pavillon neutre, ce qui suppose la visite. Aujourd'hui que le pavillon neutre couvre la marchandise, la visite a perdu cette raison d'être ; mais elle en a conservé une autre qui l'a fait maintenir : la nécessité qu'on n'abuse pas du pavillon neutre pour couvrir des actes d'hostilité, en particulier la fourniture de munitions de guerre ou, comme on dit, de contrebande de guerre. Il est dans l'intérêt de toutes les puissances de prendre des mesures dans ce sens. Les neutres d'aujourd'hui, pouvant être belligérants demain, doivent désirer que les hostilités soient renfermées dans les limites du nécessaire, et spécialement qu'elles ne soient pas aggravées par les particuliers commerçants dans des vues de lucre.

Pour atteindre ce but, on ne peut pas charger les États neutres de veiller eux-mêmes sur leurs ressortissants. Un pareil procédé ne présenterait aux belligérants que des garanties tout à fait insuffisantes. Nous avons vu que la nature des choses s'oppose à ce qu'on rende un souverain responsable des faits et gestes de ses ressortissants en dehors de son territoire. On est donc naturellement conduit à laisser les belligérants mettre eux-mêmes à exécution les mesures dont ils ont besoin ; on coupe court de la sorte aux plaintes auxquelles pourrait donner lieu la manière dont s'opère la surveillance, et aux graves conflits qui pourraient en résulter.

Ainsi la visite s'opère, bien que toujours par l'organe des vaisseaux de guerre des belligérants, du consentement des États neutres; elle se fait non plus dans l'intérêt exclusif d'une puissance, mais dans l'intérêt général qu'ont tous les souverains à prendre des mesures contre les intérêts particuliers et égoïstes des commerçants; la preuve en est dans le fait qu'on se met d'accord pour dispenser de la visite les vaisseaux de guerre neutres et les vaisseaux marchands convoyés. Dans ces nouvelles conditions, la visite n'est plus un simple fait, un abus de la force; fondée sur le consentement, elle est devenue un droit.

Reste à savoir de quelle espèce est ce droit. Plusieurs auteurs considèrent la visite comme le résultat d'une délégation faite par le souverain neutre au belligérant. Juste pour la visite en temps de paix dont il sera question plus loin, cette explication ne l'est pas pour la visite en temps de guerre dont je viens de parler. Si le droit de visite en temps de guerre est quelquefois confirmé par des traités, ce n'est pas là qu'on doit en chercher l'origine. Il faut nous tourner du côté du droit public, et de ces actes dans lesquels la majorité fait la loi à la minorité. Une puissance désire régulariser le droit de visite, pour ne pas s'aliéner l'opinion publique en l'exerçant; elle s'entend à cet effet avec les principales puissances, avec celles dont, pour une raison ou pour une autre, la réprobation est le plus à redouter. Une fois sûr de leur consentement, on agit en conséquence sans s'embarrasser des puissances inférieures, lesquelles avec le temps se trouvent amenées de gré ou de force à accepter l'état de choses ainsi établi. Les puissances principales, en donnant leur consentement, rendent possible la visite non seulement de leurs navires, mais encore de ceux des autres puissances. Il faut qu'il en soit ainsi pour que la mesure atteigne son but. La défense de visiter les vaisseaux marchands de certaines puissances entraînerait l'impossibilité d'en visiter aucun. Il résulte, en effet, de l'usage qui s'est introduit d'arborer de faux pavillons que le navire soumis à la visite est un navire dont la nationalité est encore inconnue et doit précisément être constatée. La visite est donc le résultat, non pas d'une véritable délégation, mais d'un mode de vivre établi, sinon par le consentement universel, au moins par le consentement général, pour régler la jouissance d'une chose commune. On reconnaît aux belligérants, par une disposition du droit de la guerre, la faculté de prendre toutes les mesures nécessaires pour faire observer les devoirs de la neutralité. Nous sommes ainsi ramenés à la possession, à la possession d'un droit, il est vrai.

Inapplicables à la visite en temps de guerre, les principes de la délégation le sont à la visite en temps de paix, établie au commencement du siècle actuel pour mettre fin à la traite des nègres. C'est l'Angleterre qui a pris l'initiative de cette innovation. Après s'être assuré par des traités spéciaux le consentement de la plupart des puissances européennes, elle a cru pouvoir soumettre à la visite même des navires appartenant à des puissances qui n'avaient pas donné leur consentement. Mais elle rencontra une résistance qui la contraignit d'abandonner ses prétentions. Les États-Unis, en particulier, se sont réservé le droit exclusif de faire visiter leurs navires marchands par leurs vaisseaux de guerre seuls, sauf à combiner au besoin leurs forces avec celles de l'Angleterre.

Les États-Unis avaient raison de ne pas vouloir identifier les deux institutions. La visite en temps de guerre repose sur le principe généralement admis qu'il faut empêcher les perfidies, entre autres les actes d'hostilité commis sous le couvert du pavillon neutre; à ce premier principe s'ajoute la convenance généralement reconnue de confier aux belligérants eux-mêmes le soin de prendre les mesures nécessaires au but que l'on se propose. Dans la visite en temps de paix, ces deux conditions font défaut; il n'y a ni guerre ni belligérants, il n'y a pas de raison pour appliquer les mêmes règles. En temps de paix, la visite ne se justifie qu'en vertu d'une délégation, d'une convention dont la nature est privée, lors même que les contractants sont des puissances souveraines; elle n'est pas fondée, comme la visite en temps de guerre, sur un principe de droit public international.

Ainsi, ne pouvant supprimer la guerre, le droit s'efforce de la circonscrire. On a vu les différentes étapes qu'il a franchies dans ce sens. Il aurait été intéressant d'exposer aussi les moyens qui ont été employés pour réaliser les progrès constatés. On aurait trouvé dans cette étude de nouvelles preuves à l'appui de l'idée que le droit sort de la guerre. On aurait vu combien les raisonnements et les considérations d'humanité ont peu d'efficacité. Pour déterminer une puissance à renoncer à certaines armes, à certains procédés, il faut les tourner contre elle, il faut lui montrer que les inconvénients de ces moyens en dépassent les avantages. Mais on comprend que le développement de ce côté de la question aurait de beaucoup dépassé les limites dans lesquelles je dois me renfermer.

Ces considérations font comprendre les obstacles auxquels on se heurte quand on prétend supprimer la guerre et la remplacer par des arbitrages. Tout le monde est d'accord sur la convenance d'encourager les arbitrages volontaires. Mais la création d'un tribunal suprême, assez puissant pour s'imposer à tous les Etats et les forcer à lui soumettre leurs différends, serait un remède pire que le mal. Ce serait préparer le triomphe de l'absolutisme dans les conditions les plus dangereuses. Du reste, les expériences de ce genre n'ont pas manqué; ainsi les tentatives d'Innocent III et de Boniface VIII. On peut tirer encore un grand enseignement de l'histoire d'un mot. Quand on dit l'inquisition, on éveille le souvenir d'une institution odieuse dont personne aujourd'hui ne prendrait la défense. Mais ce n'est là qu'une acception dérivée. L'inquisition est, dans le principe, une méthode de procédure qui avait pour effet de substituer la preuve par témoins à celle par bataille, de réaliser par conséquent chez les particuliers la même réforme que l'on voudrait opérer chez les souverains. Or, entre ces deux sens d'un même mot, il y a un rapport que je dois ici me borner à signaler, me réservant de l'expliquer plus tard.

LIVRE QUATRIÈME.

LA GUERRE ET LE DROIT PÉNAL.

I. *Les Motifs de la Peine.*

Le droit pénal, qui n'est pas tout à fait la même chose que le droit criminel, est le premier à se constituer; c'est sur lui que se greffent tous les autres. Il a pour point de départ la vengeance, ce droit naturel auquel chacun prétend aussi bien qu'au droit de défense, dont il est le prolongement; la vengeance, ce plaisir des dieux, qui est probablement, en date comme en importance, le premier des motifs dramatiques. La vengeance s'exerçant d'abord suivant le sentiment personnel de chacun, fait naître d'incessants conflits qui sont vidés, non par le droit, mais par la force. La guerre est donc la forme primitive du droit pénal. On voit que la peine résulte du cours naturel des choses. La société ne la crée pas et ne pourrait pas la supprimer; elle se borne à la régulariser, car sous sa forme naturelle la peine est très défectueuse, tantôt excessive, tantôt insuffisante ou impossible. Punir est pour la Société moins un droit qu'un devoir, qu'une condition d'existence. Comme l'étymologie l'indique, punir c'est purifier.

En se plaçant exclusivement au point de vue de la justice sociale, on pourrait croire que le droit civil est antérieur au droit pénal, comme le sentiment de l'intérêt particulier à celui du bien public. Mais cette considération n'arrête pas ceux qui vont chercher jusque dans la vengeance privée les origines des institutions juridiques, et qui voient dans la réparation d'un délit privé, par conséquent dans une des applications du droit pénal, mais non pas du droit criminel, le germe du droit civil. On a dit que le droit germanique part du tort du défendeur, le droit romain du droit du demandeur. On aurait été plus près de la vérité si l'on avait établi cette opposition entre le droit primitif et celui d'une époque plus avancée. Le point de départ de la justice paraît être partout un tort à réparer.

Le droit constitutionnel également sort du droit pénal ; les premières sociétés politiques sont des associations de paix, destinées à procurer la faculté de se défendre ou de se venger à des gens qui ne l'auraient pas s'ils restaient isolés. C'est pour atteindre ce but que le peuple investit un chef du pouvoir de lui commander. Le royaume d'Israël se reconstitue quand les Hébreux menacent de mort ceux qui n'obéiront pas à Saül; quelque chose d'analogue s'est passé aux temps de Moïse et de Gédéon.

Quand les pouvoirs sont constitués, le besoin se fait sentir de les régulariser et de les limiter; c'est au moyen de la peine qu'on y arrive. Les Romains condamnent à de grosses amendes les magistrats qui abusent de leur pouvoir.

Quand la Société punit, elle fait la guerre à l'un de ses ressortissants; elle se frappe elle-même dans un de ses membres, ce qui l'oblige à redoubler de ménagements. Aussi est-ce surtout dans le droit pénal que l'on peut étudier le passage de la guerre au droit. Le moment important est celui de la transition de la justice propre à la justice sociale. Sous le premier régime, le droit peut à peine se manifester. Il existe bien en ce sens qu'il y a une manière de se conduire qui vaut mieux que les autres; mais faute de savoir, de vouloir ou de pouvoir, on ne la suit pas. L'application de la peine est une question de force : elle est infligée par ceux qui peuvent le faire, subie par ceux qui ne peuvent pas s'y soustraire; elle est infligée à tort ou à raison, à tort surtout, car sous un tel régime, la plupart du temps, ceux qui peuvent offenser ne peuvent pas être punis et inversément.

Le simple fait de devoir s'associer pour se venger ou se défendre est une porte ouverte au droit. La répression ne peut avoir lieu que du consentement de plusieurs personnes; il y a plus de chances pour qu'elle s'opère suivant l'intérêt bien compris de tous. La voix de la raison peut mieux se faire entendre. Les querelles entre familles se vident souvent d'une manière qui s'applique difficilement aux querelles entre individus, par le système des compositions ou de la rédemption. Au lieu d'éterniser les hostilités en les aggravant de jour en jour, on les éteint par un paiement dont le montant est fixé contradictoirement. C'est ce qu'on appelle faire la paix. Mais ici nous sommes sur le terrain du droit international, ou si l'on veut du droit civil. Le droit criminel ne commence que lorsqu'il s'agit de l'action de la Société contre ses propres ressortissants.

Les sociétés politiques se constituent en vue de l'ennemi commun, qui se trouve d'abord à l'extérieur; il arrive aussi dans certains cas exceptionnels, mais très graves, que l'ennemi se trouve à l'intérieur, qu'il soit un traître, ou d'une manière plus générale, un homme auquel il ne faut pas se fier. Il s'agit de le remettre à sa véritable place, au nombre des ennemis, pour le traiter en conséquence, pour l'anéantir; nous nous trouvons en face d'un acte de guerre de la Société contre un ou plusieurs individus, compliqué seulement par la nécessité d'exclure au préalable ces individus de la Société, de les excommunier comme on dit. L'excommunication doit être considérée comme la première manifestation du droit criminel. Avec le temps on apprend à se rendre mieux compte des exigences du salut public. Les difficultés de la lutte pour l'existence, le régime de communauté sous lequel on vit, conduisent à mettre au même rang que les traîtres, les inutiles, ceux qui constituent pour la Société une charge sans compensation, et tout spécialement, vu les circonstances où l'on vit, les lâches, les déserteurs. Cette application élémentaire de la pénalité sociale se retrouve chez les animaux. Il ne peut être question de traîtres chez eux, mais seulement d'incapables. On a vu des grues, au moment d'entreprendre un voyage de long cours, massacrer celles d'entre elles qu'elles jugeaient incapables d'en supporter les fatigues.

Jusqu'ici la sphère d'application de la justice sociale reste très étroite, laissant d'autant plus de place à la justice propre avec tous ses abus qui minent intérieurement les sociétés et les rendent incapables de résister aux ennemis du dehors. On s'aperçoit que pour les sociétés, c'est une question d'existence d'établir une administration de la justice plus régulière; la paix au dehors a pour condition la paix au dedans. Le moment où la société politique entreprend de procurer cette dernière, constitue une ère nouvelle dans son histoire; c'est à partir de cette époque que doit se dater l'existence de l'État. Mais il y a d'immenses difficultés pour atteindre le but; il faut briser des résistances désespérées et dans un certain sens légitimes. Il s'agit d'enlever aux particuliers, pour le réserver exclusivement au pouvoir social, le droit de se faire justice, de les priver d'une liberté à laquelle ils tiennent d'autant plus que nous la verrons se confondre avec la liberté de conscience. On doit opposer de grands remèdes aux grands maux, assimiler en quelque sorte aux traîtres, aux ennemis publics, ceux qui disputent à la Société le monopole de la justice. D'autre part, il ne faut pas que le remède soit pire que le mal, et que les souffrances de la guerre soient remplacées par la paix du cimetière. Il n'est pas sûr, d'ailleurs, que la Société soit pourvue des moyens nécessaires pour s'acquitter d'une manière satisfaisante de la tâche qu'elle entreprend. Il faut s'avancer avec lenteur et circonspection dans cette voie nouvelle hérissée d'écueils. On laisse d'abord subsister la justice propre, tout en la régularisant, en se réservant d'en interdire ou d'en autoriser l'emploi suivant les cas. On trouve un point d'appui dans les compositions ou paix privées de la justice propre. De purement facultatives qu'elles étaient sous ce régime, la Société les rend obligatoires, interdisant ainsi la perpétuation des querelles; pour atteindre ce but, on tarife les compositions. On fixe la somme qu'il faudra payer d'une part et dont il faudra se contenter de l'autre, sous peine d'excommunication. Le rôle du juge est d'abord de faciliter les arrangements, plus tard de les imposer. Il est toutefois des crimes que l'on estime si graves, si compromettants pour la Société, qu'on interdit à leur sujet tout pacte qui soustrairait le coupable à sa punition. C'est ce qui arrivait pour le meurtre volontaire, suivant la loi de Moïse, et probablement d'autres encore. Des dispositions de ce genre nous ramènent à l'idée que l'application de la peine est moins un droit qu'un devoir religieux, l'accomplissement d'une des conditions du salut commun. La fonction de la justice sociale est d'exercer une critique parmi les actes de la justice propre. Parmi les affaires qui donnent lieu à la vengeance privée, il en est qui n'ont pas de gravité, qu'il y a dès lors tout intérêt à arranger; il en est d'autres, au contraire, qui signalent l'existence au sein de la Société d'un élément qui la souille et qui doit être écarté; il faut plier aux exigences des puissances supérieures ou, comme on dit, des divinités; pour éviter leur hostilité, il faut leur livrer celui qui les a offensées. On va même plus loin; pour s'assurer à l'avenir leur bienveillance et leur secours, on se fait les exécuteurs de leur prétendu ressentiment. C'est ainsi que l'application du droit de punir prend le caractère d'une guerre sainte; le

coupable devient une victime expiatoire, les exé-
cutions capitales sont le dernier vestige des sacrifices humains. Le sentiment de cette nécessité
d'apaiser les dieux irrités se fait si fortement sentir
qu'on juge une expiation nécessaire même pour les
crimes dont l'auteur est inconnu; on croit bien
faire, dans un cas pareil, de sacrifier un innocent,
un homme d'abord, et quand les mœurs s'adoucis-
sent, un animal. Tel est le rôle de cette génisse
rouge de la loi de Moïse, comme aussi de cette
femme qu'on précipitait dans le Nil quand il ne
débordait pas suffisamment. L'usage de ces sacrifices s'est conservé chez les Égyptiens jusqu'au siècle
dernier, au moins en effigie. On jetait encore des
mannequins dans le fleuve en 1785. En suivant le
même ordre d'idées, on employait l'excommunication contre les meurtriers, lorsqu'il n'y avait aucun
parent de la victime qui pût prendre l'initiative de
la vengeance; la Société se charge elle-même de
châtier certains crimes privés, qui sans cela reste-
raient impunis. De là à appliquer la même mesure
à tous les crimes, pour éviter les abus de la justice
privée, il n'y a qu'un pas. Mais dans quels cas la
Société le fera-t-elle; quels sont les crimes qui lui
paraissent avoir assez de gravité? Naturellement il
se fait une transition; le nouveau catalogue des
crimes n'est qu'une édition augmentée de l'ancien.
Le premier de tous, c'est toujours le manque de

foi; mais on lui découvre des applications nouvelles. Un manque de foi commis à l'égard d'un particulier, mais à propos d'un engagement garanti par la Société, est assimilé à un manque de foi vis-à-vis de la Société elle-même. La peine capitale frappe le failli. Cette application du droit pénal peut être considérée comme le point de départ de tout le droit civil, et spécialement du droit des obligations.

La foi publique exige encore que des amis respectent la possession les uns des autres. De là la réprobation qui s'attache au vol et qui est le point de départ du droit de propriété. La réprobation qui s'attache à l'adultère, où l'on peut voir une espèce de vol, et qui est le point de départ de la famille, sort aussi de la même source.

Le respect de la foi publique, en particulier de la parole solennellement donnée, s'impose à l'origine de l'histoire aux monarques les plus absolus en apparence. Hérode peut bien mettre à mort un innocent pour amuser une danseuse ; mais il n'ose pas manquer à une promesse, donnée pourtant dans l'ivresse d'un festin et qu'il regrette. Dans le livre d'Esther, Assuérus peut bien prendre des mesures pour neutraliser un ordre qu'il a donné, mais l'ordre même ne peut pas être retiré. Hérodote nous raconte (ix, 108) comment le roi Xerxès ayant fait à sa bru, secrètement suivant

toute apparence, une promesse dont l'accomplissement devait avoir les conséquences les plus graves,
n'ose pourtant pas manquer à sa parole.

La liste des actes punissables grandit à mesure
qu'on se rend mieux compte des conditions de
prospérité de la communauté. La vivacité de la
lutte pour l'existence devait rendre très sévère
pour tout ce qui compromettait la beauté de la
race. De là la réprobation des mésalliances, de
l'inceste, des mariages prématurés; on peut ajouter
encore l'adultère, bien que le caractère criminel de
cet acte consiste surtout dans une atteinte à la foi
publique et aux bases fondamentales de la famille.
Les interdictions relatives aux rapports des sexes
varient d'un pays à l'autre, bien qu'on les retrouve
un peu partout sous des formes différentes. Le roi
de Perse Cambyse n'ose pas épouser sa sœur avant
d'avoir obtenu l'approbation des mages (Hérodote,
IX, 31). Chez un certain peuple d'Australie, au
dire des missionnaires, tout vieillard aurait le droit
de tuer le jeune homme de moins de trente ans
qu'il trouverait marié.

La Société devient de plus en plus exigeante;
quelquefois même elle fait complètement fausse
route, ainsi quand elle prétend imposer les croyances. L'organisation générale des institutions et des
procédés agit sur la liste des délits. On punit certains actes, non pas en raison du tort direct qu'ils

font, mais simplement parce qu'ils constituent une violation directe de la loi, qu'ils ébranlent par ce fait même les fondements de l'ordre social ; de là la disproportion qui existe quelquefois entre la peine et le délit : par exemple, lorsqu'on condamne un homme à mort pour avoir ramassé du bois le jour du sabbat. Le duel, qui ne doit pas être confondu avec le meurtre et l'assassinat ordinaires, peut être jugé très sévèrement en raison de son caractère d'usurpation du droit de faire justice, en d'autres termes, du droit de souveraineté. Enfin de simples actes d'incurie, surtout dans l'accomplissement de fonctions sociales, peuvent devenir l'objet de répressions sévères en raison de leurs conséquences. Un instant de sommeil, d'oubli ou simplement de manque de présence d'esprit chez un employé de chemin de fer, par exemple, peut valoir à son auteur des années de prison. La Société qui, dès l'origine, expulse de son sein les inutiles et les lâches, s'arroge plus tard le droit de punir les inattentifs et les maladroits. Elle exerce ainsi, d'une manière indirecte, une influence éducative sur ses ressortissants ; mais elle l'exerce, il ne faut pas l'oublier, dans l'intérêt général de la communauté ; l'appréciation de l'intérêt des particuliers sort de sa compétence.

II. *Les Moyens.*

Le seul moyen dont disposent à l'origine la justice pénale et la justice civile confondues, c'est l'excommunication. Celle-ci consiste à mettre un ami au nombre des ennemis pour le traiter en conséquence. C'est un moyen brutal, coûteux, puisqu'il consiste à priver la Société d'un des membres dont elle a besoin pour soutenir le combat de l'existence. Aussi ne l'emploie-t-on que dans les cas graves, et préfère-t-on laisser les autres impunis. La justice reste très défectueuse, faute de savoir proportionner la peine à la faute.

L'excommunication, du reste, était moins la peine que la condition préalable de l'application de la peine. Celui qui en était frappé était exclu de la protection assurée aux membres de la communauté, livré sans défense à la vengeance de ses ennemis, au nombre desquels se trouvaient peut-être ses anciens amis. Cela fait, on sort de la procédure et de la justice, pour entrer dans le domaine de la vengeance et de la force. Il n'y a plus de règle ni de limite aux sévices; celui qui est seul se voit en butte à toutes les fureurs de ceux qui sont en nombre. Dans les premiers temps de l'histoire, les peines sont d'une horrible cruauté. Le coupable expire au milieu des supplices les plus raffinés

que l'on puisse imaginer. C'est dans les monarchies orientales que se trouvent les exemples les
plus atroces. L'exécution qui suit l'excommunication est une guerre sainte contre un impie. La
seule différence est la grande inégalité des forces,
qui permettrait de modérer les peines si on en
comprenait la convenance; en attendant elle permet de les exagérer.

La justice primitive est en outre essentiellement
personnelle. Elle ne réprime pas des actes, elle
supprime des individus. S'il surgit un conflit entre
deux particuliers, on cherche lequel des deux il
vaut le mieux sacrifier; l'innocence impuissante
sera condamnée, mais celui qui est en état de
rendre de grands services pourra tout se permettre
impunément. Le peuple en masse, prononçant in-
distinctement sur le fait et sur le droit, absout ou
condamne qui bon lui semble. La fable des animaux malades de la peste donne une idée assez
juste de la justice populaire primitive. Notons
en outre le caractère primesautier de cette justice.
Le peuple ne connaît pas de règle de conduite
et se dirige d'après ses sentiments naturels; ceux
qui savent le flatter ou l'intimider le mènent à
leur gré. La justice dans ces conditions est moins
juridique que religieuse et devient aisément fana-
tique; elle ne peut pas inspirer grande confiance.
Il est pourtant nécessaire de commencer par

là si l'on veut faire mieux plus tard. La justice primitive met en évidence certaines vérités brutales qui sont les bases du droit, qui s'effacent ensuite sans disparaître, mais qu'il faut bien se garder de perdre de vue. Elle formule à propos du droit pénal certaines exigences qui deviendront plus tard les principes fondamentaux du droit constitutionnel. La raison d'être du droit, ce sont les exigences du salut public, dont le peuple est juge. Mais si le peuple se laisse gouverner par ses passions, sa justice ne sera souvent qu'une confirmation de l'injustice. L'arbitraire du peuple, irrésistible, irresponsable, incalculable est à bien des égards le plus dangereux de tous. Un peuple qui ne voudrait reconnaître aucun frein ne tarderait pas à périr, après avoir chassé de son sein tous les éléments qui faisaient sa vie. Le premier soin d'un peuple soucieux de son avenir doit être de prendre des précautions contre lui-même. Ce qu'on appelle le droit positif n'est que l'ensemble de ces précautions. Tant que le peuple souverain n'a pas pris des engagements vis-à-vis de ses ressortissants, et n'a pas garanti leur observation, on vit sous le régime de la terreur. On en sort par la loi, dont les dispositions portent principalement sur les points suivants.

On arrête d'abord les cas dans lesquels une condamnation pourra être prononcée. Pas plus que la

Société la loi ne crée pas la peine, elle la régularise, elle soustrait le justiciable au caprice de la multitude, à la crainte paralysante de lui déplaire sans savoir en quoi. Le principe « Nulle peine sans loi, » par lequel la Société s'interdit de punir sans avoir prévenu, joue pour la guerre intérieure le même rôle que la nécessité d'une déclaration pour la guerre extérieure ; il rend la confiance et la sécurité. L'apparition de la loi change complètement le caractère de la justice pénale, la fait passer de la phase naturelle et religieuse dans la phase artificielle et juridique. Désormais c'est la loi qui fait le délit ; ce qu'elle défend était permis avant qu'elle l'eût défendu. C'est ce qu'on exprime en disant que la loi ne doit pas avoir d'effet rétroactif.

L'apparition de la loi constitue tout à la fois une garantie d'impunité pour certains cas et un redoublement de sévérité pour d'autres. Quand un acte défendu se commet, ce n'est pas l'acte en lui-même, souvent insignifiant, que l'on considère ; c'est le fait toujours grave d'avoir violé la loi. Aussi la moindre infraction est-elle punie de la peine capitale. C'était le cas dans les lois de Dracon. On sait la réponse faite par ce législateur à ceux qui lui demandaient la raison de cette excessive sévérité. Si nous regardons ailleurs, nous voyons Romulus tuer Rémus pour avoir franchi un fossé contre sa défense. Les livres de Moïse nous parlent d'un homme mis à mort pour avoir ramassé du bois un jour de sabbat. Cette rigueur se trouve encore renforcée par un autre principe que l'on est conduit à poser et sans lequel l'administration de la justice serait probablement impossible : celui en vertu duquel nul n'est censé ignorer la loi. Cette maxime se justifie tant que les lois sont rares et se bornent à un petit nombre de prescriptions simples et catégoriques. Plus tard on abuse de la législation, les lois deviennent très nombreuses et se mettent en contradiction les unes avec les autres; ce principe devient alors dérisoire et dangereux. Si l'on ne prend pas les précautions nécessaires, il peut donner une importance excessive aux hommes dont la profession consiste à connaître, souvent d'une manière empirique et très étroite, les lois positives. L'abus de la fonction législative aboutit à la constitution d'un cléricalisme juridique.

La rigidité de la loi fait sentir le besoin d'un nouveau progrès. Pour être juste, la guerre extérieure ou intérieure doit être nécessaire et régulièrement déclarée. La loi remplit par son existence la seconde de ces conditions; il reste à pourvoir à la première. Or, une peine n'est pas nécessaire quand le but peut en être atteint par une peine moindre; sa légitimité se trouve compromise par son intensité. Souvent on préfère ne pas punir que d'infliger une peine hors de proportion avec la faute. Le besoin se fait sentir d'établir une gradation; dès lors on ne peut plus se contenter de la méthode unique de l'excommunication. Pour sortir du système dans lequel on se trouve enfermé, on emprunte un de ses expédients à la justice propre, laquelle se maintient longtemps à côté de la justice sociale, en raison des imperfections de cette dernière. Pour mettre fin aux vengeances privées, toujours onéreuses, on avait imaginé les compositions : l'offenseur payait une certaine somme à l'offensé pour se soustraire à ses représailles, pour vivre en paix avec lui. Là Société permet également à celui qui a encouru l'excommunication de se racheter. C'est ainsi que les amendes se substituent à la peine capitale. D'intéressants exemples fournis par l'histoire romaine semblent indiquer que ce procédé s'applique pour commencer surtout aux mandataires du peuple, aux magistrats.

L'apparition des amendes a d'autres conséquences encore. On ne peut pas donner à un individu, fût-ce même au prince, le droit de retrancher un membre de la communauté. La souveraineté judiciaire appartient au peuple. La faculté d'en appeler à lui, que l'on présente souvent comme une innovation, est au contraire un retour partiel au régime primitif, dont on s'était écarté, souvent sous la pression des exigences militaires. Le droit

d'infliger des amendes peut, au contraire, se confier sans grand danger aux fonctionnaires, qui obtiennent ainsi une compétence pénale. La nouvelle
voie dans laquelle on entre n'est pas exempte
d'écueils; mais je n'ai pas à m'occuper pour le
moment de ce côté de la question.

Le système des amendes présente de grands
avantages par la gradation minutieuse qu'il permet
et les moyens qu'il fournit de ménager les suscep-
tibilités; on peut avec lui faire, pour ainsi dire,
tout ce qu'on veut, pourvu qu'on paie l'amende
encourue. Aussi les peuples qui commencent à
sortir de la barbarie en font-ils grand usage. Mais
il présente l'inconvénient d'être très inégal. Une
même amende constitue une lourde charge pour
l'un et se fait à peine sentir à l'autre. Le mal est
d'autant plus grand que celui qui ne peut pas s'acquitter retombe sous le coup de l'excommunication; pour la même faute, le pauvre subira la
peine capitale, le riche restera pour ainsi dire
impuni.

Pour parer à cet inconvénient, on exclut de la
faculté de se racheter les auteurs de certains crimes
graves, des meurtres volontaires par exemple. On
conserve toutefois les avantages attachés à la gradation rendue possible par les amendes; on établit
des peines moins graves que la peine capitale,
mais qui frappent également tout le monde: ainsi

les peines corporelles et celles qui consistent dans une privation plus ou moins longue de la liberté. On essaie aussi de porter atteinte à l'honneur; on décompose l'excommunication, on laisse subsister les droits relatifs à la position économique, mais on refuse de reconnaître et de protéger la dignité personnelle. Une telle manière de faire viole une règle qui est tout à la fois une maxime de stratégie et un principe de droit naturel. Il ne faut jamais pousser à bout un ennemi qui est encore capable de nuire; il convient, au contraire, de lui faciliter sa retraite en lui faisant au besoin un pont d'or. La Société commet une grande faute quand elle exaspère ceux qu'elle ne peut ou ne veut pas anéantir. Or, c'est ce qui arrive avec les peines in-famantes; celles-ci vont à fin contraire du but de la peine, qui est de permettre au coupable de ren-trer dans la Société comme un membre utile et, sinon honoré, du moins respecté. Aussi renonce-t-on de plus en plus aux peines infamantes. L'em-ploi le plus judicieux qui en ait été fait se trouve chez les Égyptiens. Les soldats qui avaient manqué à leur devoir étaient placés dans des compagnies de discipline, dans lesquelles on leur procurait l'occasion de se réhabiliter par des actions d'éclat.

Cependant un autre changement très important s'opère sous le régime de l'excommunication; le vagabondage prend un grand développement et constitue un grave danger. Les excommuniés qui ont de la valeur, ceux auxquels il aurait peut-être mieux valu faire grâce, s'éloignent et vont recommencer la vie ailleurs. Ceux, au contraire, dont il convenait de se débarrasser, ne trouvant personne qui les accueille, restent dans le pays et l'infestent comme les plus dangereuses des bêtes fauves. La sécurité publique exige qu'on les empêche de nuire en usant du seul moyen dont on dispose alors, en les mettant à mort. C'est ainsi que la peine capitale change complètement de caractère; c'était d'abord la privation de la qualité de citoyen et des avantages qui s'y trouvaient attachés; ce sera désormais la perte de la vie. La transition d'un régime à l'autre s'opère dans des conditions qui ont fait prendre le change sur ce qui est le principal et ce qui est le remplaçant.

Ainsi, quand on veut comprendre la justice pénale, il faut toujours revenir à l'excommunication, dont toutes les autres peines ne sont que des perfectionnements. La raison d'être du droit de punir, c'est l'obligation morale qui incombe à la Société de retrancher de son sein ceux qui la souillent ou, pour parler le langage des temps primitifs, ceux qui attirent sur elle la colère divine. Le peuple doit chercher à atteindre ce but par les moyens le moins coûteux possible, à corriger pour éviter de devoir retrancher, mais il est juge de ce qu'il lui convient de faire. Il n'a pas le droit de se donner pour infaillible, mais il a le droit de se tromper. Il faut qu'il puisse condamner à tort, expulser un innocent s'il le juge nécessaire à sa sécurité. Autrement trop de coupables échapperaient, la Société resterait exposée sans défense à trop d'entreprises criminelles. Exiger l'infaillibilité dans les condamnations, ce serait mettre la Société dans la nécessité de se faire illusion à elle-même, de recourir à des expédients mensongers, d'extorquer par exemple les aveux par la torture.

D'autre part, il faut qu'un refuge reste ouvert à celui qui se trouve ainsi frappé. Pour les sociétés primitives, le correctif se trouve dans leur constitution même. Les hommes vivent répartis en une foule de petites communautés tout à fait indépendantes les unes des autres. Celui qui est chassé de son pays peut se chercher une patrie ailleurs. Il réussira s'il a de la valeur, succombera s'il n'en a pas. Ainsi combinée avec le droit d'asile, l'excommunication fait moins de mal qu'on ne pourrait le croire, et constitue vraiment ce qu'elle doit être, une épuration de la Société. Les temps modernes sont obligés de recourir à d'autres moyens, parce qu'on n'admet pas que les différents États soient en droit de se rejeter leurs criminels les uns sur les autres.

III. *La Procédure.*

Après les délits et les peines, voyons l'application des peines aux délits. Le procès civil et le procès criminel ont des caractères essentiellement différents. L'un est la mise à exécution d'un traité de paix, l'autre est une guerre et même le type de la guerre régulière, celle où les ménagements doivent être poussés le plus loin. Une affaire purement civile est un arbitrage dont le tribunal devrait être librement choisi par les parties. S'il y a des juges civils nommés d'office, c'est qu'il se mêle presque toujours aux procès un certain mauvais vouloir, un élément pénal par conséquent. Il faut des juges auxquels on soit tenu de se soumettre, parce qu'autrement bien des affaires ne pourraient pas se régler. L'idéal de la justice civile, c'est que l'État, la Société constituée en vue de l'emploi de la contrainte, s'en retire de plus en plus. Dans la justice criminelle, au contraire, la Société ne se contente pas de se faire à la fois juge et partie; elle épouse les deux causes, se portant accusatrice à la place de l'offensé, tout en pourvoyant à la défense de l'accusé, tant par l'avocat d'office qu'elle lui donne que par les mesures protectrices de la loi. Les dispositions criminalistes des douze Tables tendent principalement à protéger le coupable contre les excès de la justice propre. La double position prise par la Société vis-à-vis du prévenu complique le droit pénal et produit parfois de graves malentendus. On motive quelquefois l'indulgence accordée à l'enfant et à l'aliéné par des raisons qui s'appliqueraient encore mieux à la bête fauve. Il semblerait aussi, à entendre certains auteurs, que le fait de se laisser aller à sa passion donnerait droit à des privilèges. On oublie que ce n'est pas l'entraînement qui excuse, mais les circonstances qui l'ont déterminé, et qui rendaient la résistance impossible ou peu s'en faut. D'autre part, il ne faut pas oublier que nous n'avons encore envisagé le droit pénal que sous une de ses faces et que nous n'avons pas pu établir la théorie définitive.

La procédure criminelle est une guerre organisée entre les diverses exigences du salut public, que l'on apprend à distinguer graduellement pour leur donner à chacune son organe spécial. Le principe fondamental du droit pénal est le même que celui du droit de la guerre : réduire au minimum nécessaire un mal destiné à en éviter de pires. L'idéal de la peine, c'est d'arriver à se supprimer elle-même. La peine, en effet, même bien appliquée, est un mal, parce qu'elle énerve l'énergie de celui qu'elle frappe. On doit toujours chercher à la remplacer par autre chose. Un des moyens d'en diminuer les inconvénients consiste, nous l'avons vu, à fixer d'avance par une loi les cas dans lesquels elle sera encourue et à les faire connaître. Mais il ne suffit pas d'avoir des lois, il faut encore qu'elles soient bien appliquées. Il peut s'élever des contestations, soit sur l'existence des faits incriminés, soit sur l'interprétation à donner à la loi. Ces deux ordres de questions sont souvent emmêlées, et il convient à certains égards qu'elles soient tranchées par la même personne. Il ne faut pas se méprendre sur le but de l'interprétation de la loi. S'il ne s'agissait que de déterminer l'intention du législateur, c'est le législateur lui-même qui serait compétent. Mais la position est différente. On a senti, sans toujours bien savoir pourquoi, que si la loi est appliquée par celui qui l'a formulée, c'en est fait des garanties qu'elle doit procurer ; on retombe dans l'obscurantisme et le terrorisme.

La promulgation de la loi pénale est l'accomplissement d'un devoir qui incombe à la Société vis-à-vis de ses ressortissants. La loi doit remplir certaines conditions, elle doit parler au peuple un langage que celui-ci comprenne et non pas l'idiome particulier aux jurisconsultes. Dans une certaine mesure il en est de la loi comme des traités internationaux. En cas d'obscurité, les deux parties ont un droit égal à l'interpréter. Le juge est un médiateur impartial entre la Société et le prévenu. Car la Société peut aussi se trouver en faute ; elle doit se considérer comme liée par les déclarations du législateur prises dans l'acception consacrée par l'usage, et ne pas permettre d'en changer le sens. C'est pour cela que la loi ne doit pas être interprétée par ceux qui l'ont faite. Il faut un organe particulier, le juge, qui représente moins l'État qu'un autre intérêt plus général, humanitaire, qu'il peut être appelé à défendre contre l'État lui-même. Le juge représente la Société, si l'on veut, mais une Société différente de celle qui requiert la peine. Le juge, a dit Binding, ne punit pas, il autorise la peine. Du reste, la distinction des fonctions ne s'arrête pas là. On a créé, par exemple, des organes spéciaux pour l'instruction préalable.

Le droit de punir appartient dans le principe à l'offensé, lequel peut être un particulier ; mais dans ce cas, nous sommes dans le domaine du droit civil et non pas dans celui du droit criminel. Ce dernier n'a dans l'origine qu'une étendue très restreinte ; le meurtre même ne donne lieu d'abord qu'à une querelle privée entre les deux familles de l'offenseur et de l'offensé. Quand le sentiment de solidarité se développe, les querelles de famille se transforment en guerres civiles. La justice pénale prend à sa naissance un caractère tumultueux. Plus tard elle se régularise graduellement. Le peuple se dessaisit, sans toujours s'en rendre compte, de son pouvoir en faveur de certaines per-

sonnes. Le commencement de l'organisation consiste à réserver, non pas en droit, mais en fait,
l'initiative à quelques individus. Ces hommes auxquels, pour diminuer le tumulte, on réserve le
droit de former et de formuler le sentiment moral
et religieux du peuple, tiennent à la fois du déma-
gogue et du théologien. Ils disposent des forces
des masses aveugles et faciles à fanatiser; il leur
appartient de permettre ou de suspendre le cours
des guerres du dehors et du dedans. L'influence
de ces personnes qui sont en possession de la faveur
populaire, et auxquelles on attribue souvent un
caractère sacré, peut faire beaucoup de bien ou de
mal, suivant la manière dont on en use. Ce premier progrès ne suffit pas pour mettre fin au régime
de la terreur. On trouve un remède plus efficace
dans la loi, qui sans doute est, elle aussi, proposée
par ceux qui savent prendre de l'ascendant,
mais qui présente l'avantage de lier moralement le peuple par ses propres déclarations. La
loi ne supprime ni les procès ni les problèmes
juridiques; quand on vient à l'application, le besoin
se fait sentir de la préciser. Il reste d'ailleurs toujours une question de fait à juger. Il faut
dans chaque espèce un jugement, lequel en principe appartient au peuple. Mais le jugement doit
être précédé d'une enquête que le peuple ne peut
pas faire en masse. S'il s'agit d'une guerre exté-

rieure, le prince examine la position et propose les mesures à prendre au peuple qui dispose ensuite. Pour les affaires intérieures, la position est un peu différente. Il y a deux parties en présence ; le prince est plus exposé à ce que ses propositions ne soient pas adoptées, il convient qu'il ne soit pas chargé d'une exécution plus ou moins en opposition avec ce qu'il aura proposé, il faut donc confier la mise en accusation à quelqu'un d'autre. Ce nouvel organe est tout indiqué dans la personne du particulier qui a été directement lésé ; le vengeur de la justice propre se trouve incorporé et utilisé dans la justice sociale; mais il peut arriver qu'il ne se présente personne pour venger certains crimes que la Société ne peut pourtant pas laisser impunis. Le procès d'Horace sous Tullius Hostilius nous en offre un exemple caractéristique. Il faut alors un accusateur d'office. Quelquefois chaque citoyen est autorisé à jouer ce rôle, comme dans les actions populaires des Romains ; quelquefois on désigne certaines personnes à cet effet ; à Rome ce sont les *duumviri perduellionis* et les *quæstores parricidii*; chez les Germains on charge de cette tâche les présidents de commune ou les bedeaux. L'emploi de ces accusateurs d'office présentant certains avantages, on le généralise, mais on s'engage alors dans une voie qui présente des dangers.

La Société ne veut pas que le particulier lésé se

fasse juge et partie ; mais elle finit par se jeter d'un extrême dans l'autre, par opérer la même confusion au profit des individus auxquels elle laisse accaparer ses pouvoirs ; on retombe alors dans une barbarie pire que la barbarie primitive, parce qu'elle dispose des instruments perfectionnés de la civilisation. L'inquisition est l'issue de cette évolution, c'est là qu'on arrive quand on oublie que l'homme ne peut pas supporter un pouvoir absolu, que chaque fonction sociale a besoin d'être tenue en échec par d'autres. La guerre est nécessaire au droit, sinon toujours la guerre en action, au moins ce qu'on pourrait appeler la guerre spirituelle, l'état d'observation.

Quand un peuple laisse s'établir un pouvoir absolu, matériel ou spirituel, ceux qui disposent de ce pouvoir s'emparent du droit de punir pour en user dans leur intérêt particulier ; dès lors, il ne peut plus être question de garanties ; aussi la limitation du droit de punir doit-elle être un des premiers soins du droit constitutionnel.

Ainsi le droit de punir est une application du droit de la guerre ; il appartient dans le principe à tout le monde, bien que tout le monde n'ait pas la force de l'exercer. La constitution de la Société est une médiatisation, qui fait du droit de guerre et du droit de punir le monopole de certaines personnes, des princes et des peuples ; ces deux droits ont des limites du même genre, plus complètes et plus précises seulement pour la peine que pour la guerre. Le point de départ de l'un comme de l'autre est la tendance naturelle qu'ont tous les êtres à détruire ce qui leur nuit. En offensant un supérieur, on s'expose à l'anéantissement, mais certains êtres privilégiés ont droit à des ménagements particuliers qui leur sont assurés par les constitutions politiques. En quoi consistent ces ménagements ? à qui sont-ils dûs ? La théorie du droit de la guerre et celle du droit pénal ne sont pas autre chose que la réponse à ces deux questions. Seulement la réponse diffère d'un domaine à l'autre ; du reste, les ménagements eux-mêmes ont leurs limites qui ne doivent pas être dépassées. Ils ne doivent pas aller jusqu'à contrarier les exigences de la conservation. C'est ce qui arriverait si l'on exigeait, par exemple, que la peine soit infligée seulement quand le délit est absolument évident. On est souvent obligé de se contenter d'une évidence de convention, mais il importe de compenser par la modération des peines ce droit qu'on s'arroge.

LIVRE CINQUIÈME.

LA GUERRE ET LE DROIT CIVIL.

I. *Le droit des obligations.*

Dans l'origine le droit pénal et le droit civil se confondent ; ce sont moins deux domaines séparés que deux faces de la justice, qui exigent il est vrai des procédés différents. Avec le temps les deux systèmes se distinguent sans cesser de réagir continuellement l'un sur l'autre et de se développer par leur opposition même. Ils ont un point de départ commun dans l'offense et la vengeance, qui donneront en se précisant naissance à la réparation.

L'offensé peut être un seul individu ; il peut être la Société tout entière. La possibilité de ces deux alternatives est la raison d'être de la distinction du droit civil et du droit pénal; toutefois il est impossible de délimiter exactement les deux domaines. Presque toujours la même offense frappe directement un certain individu, en touche d'autres par contre-coup et porte atteinte à la Société tout entière ; mais on la considère tantôt sous l'un, tantôt

sous l'autre de ces aspects, et on la traite en conséquence. On voit qu'il ne faut pas donner trop d'importance à la question de savoir si c'est le droit
civil qui a précédé le droit pénal ou si c'est l'inverse
qui a eu lieu. Tout dépend, nous l'avons vu, du
point de vue auquel on se place ; la procédure de
la justice propre, la guerre, est tout à la fois civile
d'un côté, pénale de l'autre.

Ce sont les obligations qui fournissent la transition du droit pénal au droit civil. On peut objecter
que sans doute, dans l'origine, les personnes
étant confondues avec les choses, il n'y a pas d'obligations, mais seulement possession de l'homme par
l'homme, pas de débiteurs, mais des clients ou des
esclaves ; mais c'est là un état de fait et non pas un
régime juridique. Quand le droit fait son apparition,
il commence par distinguer les personnes pour régler leurs rapports réciproques, pour établir un
système rudimentaire d'obligations ; c'est plus tard
seulement qu'il entreprendra de régler le rapport
des personnes avec les choses ; on peut même considérer le système des droits réels comme un ra-
meau du droit des obligations, auquel on fait une
place à part en raison de son importance exceptionnelle.

L'obligation est donc le premier à naître des
droits civils, son développement subit de bonne
heure un temps d'arrêt pour reprendre un nouvel

essor à la suite du commerce ; c'est ce qui a fait prendre le change sur son âge. L'obligation naît tantôt du besoin de vengeance, tantôt du besoin. d'assistance qui pousse les hommes à se mettre dans la dépendance les uns des autres ; c'est ainsi que se créent les relations de patron et de client, dont l'ensemble constitue la féodalité, première tentative insuffisante pour s'affranchir du régime de la force brutale. Dans l'origine, le prêt et la répression des délits ne pouvaient avoir lieu que du fort au faible, la vengeance et l'exécution étaient tantôt impossibles, tantôt opérées avec une extrême rigueur. L'intervention sociale a pour effet d'amener l'égalité. Il ne peut être question que d'une égalité artificielle ou, comme on dit, devant la loi, destinée à compenser sans la supprimer l'inégalité naturelle.

Le premier tempérament apporté par la Société consiste à prescrire pour les vengeances et les saisies certaines formes solennelles, qui sont des espèces de déclarations de guerre ; celui qui n'observe pas ces formes encourt l'excommunication. Ensuite la Société subordonne ces actes à une autorisation qui, sans doute, ne devait être donnée que lorsque la dette ou le délit était dûment constaté. La constatation d'un prêt étant, moyennant certaines précautions, beaucoup plus facile que celle d'un délit, ce sont les obligations nées d'un contrat qui se régularisent les premières ; elles n'en prennent pas moins dans l'origine un caractère criminel bien accusé. Pour qu'il ne puisse y avoir aucun doute sur l'existence de l'emprunt, ou plus exactement de l'engagement de rembourser, on lui fait prendre la forme d'un serment ou jurement. Le simple rapprochement de ces deux synonymes montre que nous avons affaire à une institution religieuse et juridique à la fois. Le serment primitif est une promesse à l'exécution de laquelle on s'engage en prenant à témoin tout le peuple assemblé, et non seulement les hommes, mais les dieux. On ne se rend pas bien compte de la portée de cette invocation de la divinité; on s'imagine compléter ainsi ou même remplacer le témoignage des hommes et les garanties qui en résultent. Peut-être se fait-on illusion ; mais comme cette idée, juste ou fausse, rend des services à la pratique, dans les temps de superstition surtout, on l'entretient ; quelquefois même on l'exagère.

Une promesse ainsi faite, dans des conditions qui ne peuvent laisser aucun doute sur son existence ou sa régularité, expose celui qui ne la tiendrait pas aux conséquences les plus graves. La Société repose tout entière sur la confiance que les hommes s'accordent les uns les autres ; tromper cette confiance, c'est ébranler les bases de la civilisation, c'est commettre le crime le plus grave, le

plus digne de l'excommunication. Lors même que
la promesse a été faite au profit d'un particulier
seulement, son accomplissement se trouve intéresser la Société tout entière. Le débiteur qui ne s'ac-
quitte pas, lors même que c'est par impuissance et non
par mauvais vouloir, porte atteinte au crédit général
et doit être exclu de la cité, privé de tous ses droits.
La faillite moderne n'est qu'une atténuation de cette
excommunication pour insolvabilité, point de départ de l'obligation civile et de tous les droits civils. La guerre entre deux particuliers, motivée par
une obligation naturelle, se transforme en une
guerre dans laquelle la Société tout entière prend
parti pour l'un des adversaires contre l'autre. Par
ce fait même, l'obligation naturelle devient civile;
en se chargeant de faire observer les engagements,
la Société rend possible un immense développement du commerce.

Plus tard le besoin se fait sentir d'activer et de
faciliter les transactions ; on ne peut pas réunir le
peuple tout entier chaque fois qu'un contrat doit
être conclu entre deux particuliers; il faut le remplacer par des témoins; on choisit de préférence les
hommes qui se consacrent d'office aux questions
juridiques et religieuses, confondues dans le principe, les pontifes comme on les appelle. Quand le
droit et la théologie se seront séparés, les pontifes

seront, pour les fonctions dont il vient d'être question, remplacés par des notaires.

L'élément essentiel du serment et de l'engagement qui en résultait, c'était le prononcé de certaines paroles; la forme verbale était indispensable au contrat primitif; seule elle procurait, à une époque où les lettres étaient à peine inventées et fort peu répandues, la publicité dont on avait besoin. Comme les engagements n'avaient pas d'autre sanction que l'excommunication, c'est-à-dire une peine qui doit être prononcée et appliquée par tout le monde, il convenait qu'ils fussent constatés par tout le monde. C'est donc du contrat verbal que sont sortis tous les autres ; l'écriture n'est longtemps qu'un complément et un indice de la parole, avant d'en devenir le remplaçant. Les contrats réels et consensuels sont fondés sur la présomption d'un engagement qui, dans le principe, devait être exprès ; les droits réels eux-mêmes ont très probablement le contrat verbal comme point de départ indirect. On voit que le but des formalités employées lors de la conclusion des contrats est d'assurer au créancier le secours de la Société dans la guerre qu'il aura peut-être à soutenir contre son débiteur.

Tels sont les moyens qui ont été employés pour épurer l'exploitation de l'homme par l'homme, pour en supprimer les inconvénients tout en en conservant les avantages. Au fur et à mesure que la sécurité augmente, on abandonne la rigueur primitive; l'excommunication est remplacée par la faillite, qui laisse subsister la presque totalité des droits, et par d'autres moyens moins graves.

Une place importante dans le système juridique appartient à ce qu'on peut appeler les obligations sous-entendues. Celui qui veut conserver des relations avec ses semblables doit observer certaines règles indispensables au maintien de la Société, et qui se résument dans l'obligation de ne léser personne, pas même involontairement. Or, plus les hommes ont de points de contact, plus les manières de léser deviennent nombreuses et importantes. Ici toutefois il y a une mesure à garder ; je ne dois pas pousser le respect d'autrui jusqu'à m'annihiler moi-même. Il ne faut léser personne sans doute, mais celui qui use de son droit ne lèse personne. Entre ces deux principes la limite est sans doute toujours flottante et discutable; elle est temporairement précisée par l'opinion, la coutume et les autres organes de la Société.

Une des conséquences du principe qu'il ne faut léser personne consiste dans le devoir qui incombe à chacun de réparer le dommage dont il est cause. Dans ce principe sont contenues en germe toutes les obligations nées d'un délit; une autre règle nous commande de respecter la sphère d'action de notre prochain. On en peut faire sortir le système des droits réels.

II. *Les droits sur les choses.*

Les droits sur les choses ont leur point de départ dans la possession, mot qui vient probablement de *posse,* pouvoir, et qui désigne un état de fait établi par les forces respectives des volontés en conflit. Le devoir de respecter la possession d'autrui est une conséquence de l'obligation de respecter la volonté d'autrui. Cette obligation a pourtant des bornes. Les volontés humaines sont contradictoires, infinies dans leurs prétentions; s'il fallait respecter les volontés d'un seul homme d'une manière absolue, il n'y aurait place que pour lui au monde; une limite est donc nécessaire ; elle se trouve dans la mesure dans laquelle chaque personne peut réaliser ses intentions. Nous avons ainsi deux éléments, dont l'un, l'intention, fournit ce qu'on peut appeler la matière de la possession, tandis que l'autre, la possibilité de réaliser, en détermine l'étendue; l'*animus* et le *corpus* du droit romain ne sont pas autre chose que ces deux éléments.

Cette limite de la faculté de réalisation est essentiellement flottante et discutable. La chose que je possède peut m'être enlevée et alors je ne la posséderai plus. Le régime de la possession naturelle, exclusivement fondé sur la justice propre, est donc un état de guerre permanent, puisque nul n'y est tenu de respecter ce qu'il peut détruire. Pour mettre fin aux inconvénients d'un pareil état de choses, les intéressés fixent par des traités les limites réciproques de leurs possessions, les plaçant ainsi sous la protection de la bonne foi, à l'abri de la guerre ouverte au moins. Tant qu'il n'y a pas de traité, au contraire, chacun reste libre de s'emparer du bien d'autrui par force ou par ruse. Il est dans la nature des choses que de tels arrangements puissent se faire pour les territoires, tout en restant le plus souvent impraticables pour les meubles; c'est ainsi que dès l'origine on se trouve conduit à appliquer des régimes différents aux deux espèces de biens ; quelquefois, au contraire, on se tire d'affaire en faisant des meubles des accessoires des immeubles. Ces circonstances expliquent pourquoi le vol est si souvent permis chez les anciens et pourquoi, lorsqu'on commence à le punir, on le fait à titre de violation du domicile et par conséquent du territoire.

La possession consacrée par des traités n'est encore ni la propriété ni même la possession civile, bien qu'elle constitue un pas dans ce sens. Quelquefois on en fait un second en plaçant les traités sous la garantie de tiers, qui aideront à les faire observer par intérêt pour la foi publique et pour le

respect des conventions. Nous retrouverons ces
traités dans le domaine de la justice sociale, sous
les formes de la mancipation romaine et de l'inves-
titure germanique. Dans ces deux institutions du
droit civil, le rôle des puissances internationales
qui garantissent les traités est joué par les témoins.

La position change quand une Société politique
plus intime se superpose à la Société primitive,
dont le caractère est tout à la fois féodal et international. La Société politique suppose un traité
permanent, exprès ou tacite. Les associés se garantissent mutuellement leurs possessions; dès lors le
vol entre eux devient un crime, tout en restant permis d'une cité à l'autre. La notion du vol est antérieure à celle de la propriété; elle a pour caractère
essentiel une perfidie, généralement compliquée,
nous venons de le voir, d'une violation de domicile; elle s'applique d'une manière qu'on peut appeler exclusive aux biens meubles ; les immeubles
en sont exempts, tant par leur nature qui ne permet pas de les emporter, que par le régime de
communauté auquel nous les verrons soumis. La
répression s'en opère d'abord par la justice propre,
appuyée et régularisée par la Société; le volé prend
initiative et la responsabilité des poursuites, seulement il est assisté par tous ses amis, en quelque sorte par tout le monde, parce que le voleur,

en sa qualité de violateur de la foi publique, se trouve être l'ennemi de tout le monde. Cette répression présente du reste tout à fait le caractère d'une guerre : ainsi la coutume donne au volé, contre ceux qu'il a des raisons de soupçonner, le droit de visite et de perquisition domiciliaire. La visite est un acte d'hostilité, possible au fort contre le faible, mais pas en sens inverse; dans le cas du vol, l'exercice en est assuré par l'assistance prêtée au volé par ses alliés, c'est-à-dire par la Société non organisée. Les auxiliaires jouent du reste un double rôle: ils empêchent les abus, régularisent l'usage, en un mot transforment le fait en un droit. On trouve cette institution chez les Juifs, les Grecs, les Romains, les Germains, probablement ailleurs encore; elle doit aboutir à la reprise de la chose volée, qui n'est pas autre chose que la forme primitive de la revendication.

L'assistance donnée au volé, soit par la Société non organisée, soit par la Société organisée, et sur laquelle nous aurons à revenir, est le premier effort fait pour sortir du régime exclusif de la possession naturelle et s'élever à quelque chose de plus parfait, pour passer en d'autres termes du fait au droit. Cette transition s'opère souvent au moyen de la fiction. La possession actuelle, quand elle a été mal acquise, est considérée comme n'existant pas, et la possession antérieure est censée maintenue. On paraît avoir visé d'abord la spoliation clandestine, tandis que la spoliation violente est tolérée plus longtemps, parce qu'elle porte un coup moins grave à la foi publique.

On comprit bientôt que pour atteindre le but social, des moyens plus énergiques étaient nécessaires. Au respect des contrats, on ajoute celui des pouvoirs établis, auxquels on confère la faculté de donner des ordres dont la violation entraîne des amendes et, s'il le faut, l'excommunication. Le respect de ces ordres est indispensable au maintien de la paix, celui qui ne veut pas s'y conformer doit sortir de la Société ; le simple fait d'y rester implique un engagement tacite d'obéissance. On peut employer ces ordres comme des moyens de faire respecter les possessions existantes. Le *vim fieri veto* du préteur romain, le *friedewirken* germanique en sont des exemples. Ainsi, pour faire cesser les perturbations résultant de l'exercice de la vengeance privée, le pouvoir social s'arroge de plus en plus le monopole de la justice. Mais ces nouvelles attributions le mettent en présence de problèmes souvent insolubles.

Le pouvoir social ne peut pas se contenter de faire respecter la possession telle qu'elle existe ; car il consacrerait souvent de criantes injustices, en cas de vol par exemple. Il se voit obligé de procéder à une épuration pour confirmer certaines posses-

sions, pour aider à en faire disparaître d'autres.
Cette élection doit s'opérer en prenant pour guide
l'intérêt général, de manière à encourager l'appropriation, c'est-à-dire l'accommodation aux besoins
de l'homme des biens fournis par la nature. Or,
l'appropriation suppose des efforts, des souffrances librement acceptées. L'homme n'acceptant la
souffrance qu'en vue de la jouissance qui en doit
résulter, le seul moyen vraiment efficace d'encourager l'appropriation ou, comme on dit aussi, la
production est d'assurer à chacun la jouissance des
fruits de son travail, en majeure partie au moins.
Pour appliquer ce principe, il faut savoir quel est
l'auteur de l'appropriation. On rencontre ici de
grandes difficultés, auxquelles j'ai déjà fait allusion.

On peut établir entre le domaine des droits réels
et celui des obligations une opposition analogue à
celle qui existait dans l'ancien droit français entre
les sphères d'application des deux règles « Nulle
terre sans seigneur» et « Nul seigneur sans titre ».
On sera tenté de dire également «Nulle chose sans
maître et nul créancier sans titre». La chose est
destinée à appartenir à quelqu'un, comme la personne à rester libre. La présomption est pour l'indépendance des personnes ; pour les choses elle
doit s'admettre en sens inverse. Il en résulte que
les droits réels n'ont pas besoin d'avoir une origine

aussi nettement accusée que les obligations, et par contre-coup qu'ils donnent lieu à des conflits plus fréquents et plus difficiles à résoudre. Toute prétention sur une chose est présumée fondée tant qu'elle ne se trouve pas en contradiction avec une autre. Mais à qui donner la préférence en cas de conflit ?

Le problème est d'autant plus important, sa solution présente d'autant plus de difficultés que l'appropriation est presque toujours une œuvre collective, et qu'il est généralement impossible de déterminer la part de chacun dans la production d'un bien. C'est cette circonstance qui légitime le régime de communauté par lequel l'humanité commence. Mais ce système présente trop d'inconvénients pour qu'on puisse s'en contenter. Le caractère exclusif de la jouissance des biens matériels amène des conflits qu'on ne fait cesser que par la séparation. La détermination des sphères, considérée comme un moyen de mettre fin à la guerre, joue dans tous les domaines de l'activité sociale un rôle immense, mais incompris. Nous verrons en particulier qu'elle est la condition indispensable de toute constitution politique saine et durable. On peut dire que chaque progrès dans le sens des lumières et de la civilisation est une distinction, chaque recul une confusion.

Le partage de communauté s'opère en première

ligne par une division matérielle. Mais souvent on est obligé de répartir, non pas la chose, mais les droits sur la chose. Seulement on rencontre un obstacle dans le caractère exclusif de ceux-ci. On tourne la difficulté en accordant à une personne la propriété, qui est la règle et s'interprète d'une manière extensive, et qu'on limite ensuite au profit d'autres personnes. On crée de la sorte ce qu'on appelle les droits sur la chose d'autrui, qui présentent un caractère exceptionnel et s'interprètent d'une manière restrictive. On est tenté de les considérer comme des espèces d'obligations, dont le débiteur serait, non pas une personne déterminée, mais le propriétaire, quel qu'il soit, d'une certaine chose et qui serait exclusivement relative à l'usage de cette chose. C'est donc un moyen-terme entre la propriété, qui est le véritable droit réel, et les obligations que l'on institue de la sorte.

Les droits sur la chose d'autrui ont en général leur origine, nous le verrons plus tard, dans des partages de communauté. Quelquefois ils proviennent d'un retour passager à ce régime, d'un recul temporaire, destiné à rendre possible un progrès, à permettre d'abandonner une direction fausse pour en prendre une meilleure. Nous avons un exemple curieux d'une telle manière de procéder dans l'usufruit que les empereurs de la Rome chrétienne accordaient au père sur les biens de son fils. On s'était trop pressé d'abandonner la communauté et l'on avait fait fausse route, on avait attribué au père des biens que l'on sentait devoir restituer au fils. Mais ce changement ne pouvait pas s'opérer tout d'un coup. L'usufruit du père ménage la transition.

La création des droits sur la chose d'autrui facilite la solution de la question d'attribution, mais ne la supprime pas. La meilleure solution sera celle qui encouragera le plus la production. Or, la simple prise de possession, par le fait d'écarter les influences extérieures, constitue déjà une appropriation, et même la plus importante de toutes, la condition de toutes les autres. Il ne faut pas s'étonner si les Sociétés primitives, qui n'ont pas d'industrie, font de la prise de possession ou, comme on dit aussi, de l'occupation, de la conquête, le fondement de la propriété. Cette idée n'est pas fausse, mais elle est trop étroite. La raison d'être de la propriété, c'est le travail, dont la conquête n'est qu'une des formes, et la possession est l'indice de la conquête. Toute possession, même celle du voleur, a des titres au respect ; mais elle peut se trouver en présence de titres supérieurs. Quand une chose a été successivement possédée par plusieurs personnes, ce n'est pas nécessairement le possesseur actuel, le dernier par conséquent, qui mérite la préférence; peut-être l'obtiendra-t-il provisoirement parce que son titre est le plus facile à prouver. Mais il est évident que celui qui possédait une terre, par exemple, et l'avait améliorée notablement y a plus de droit que celui qui la lui a enlevée hier par violence.

On est ainsi conduit à distinguer entre la possession régulière, qui ne lèse personne, et la possession irrégulière et vicieuse, qui fait tort à quelqu'un. A Rome, la possession vicieuse pouvait, on le sait, être violente, clandestine ou précaire. Ce dernier terme exprime qu'il s'agit d'une chose prêtée, que le détenteur se refuse injustement à restituer. La possession actuelle viciée peut être supprimée au profit de la possession antérieure régulière.

Mais on ne s'arrête pas à cette distinction. On peut faire tort à autrui sans le vouloir, prendre possession d'une chose sur laquelle d'autres ont des titres sans savoir qu'on lèse des droits. Dans ce cas la position se complique encore, car il n'y a plus d'injure qui légitime des représailles autorisées ou opérées par le pouvoir social. Le problème se présente alors dégagé des éléments étrangers qui facilitaient sa solution ou plus exactement permettaient de l'éluder. Pour que la Société puisse subsister, il faut que chacun évite avec soin de nuire à autrui, même involontairement, en particulier d'empiéter sur la sphère d'action de son voisin.

Celui qui le fait peut n'être pas punissable, il n'en doit pas moins réparer le dommage dont il est cause, restituer en particulier la chose dont il s'est emparé au détriment d'autrui. Or, dans bien des cas il est impossible de s'assurer si la chose dont on prend possession n'appartient à personne. Il en résulte que les droits sur les choses sont très souvent provisoires et discutables. En cas de conflit, nous voyons donner la préférence, tantôt au premier occupant, tantôt au dernier possesseur. Le système du premier occupant est théoriquement plus correct, celui du dernier possesseur est plus facile à pratiquer. Le plus souvent, en effet, on ne peut pas savoir quel est le premier occupant, mais la position actuelle tombe sous les sens. A ces raisons d'impuissance viennent s'ajouter de graves raisons de convenance tirées des exigences du commerce. Il faut que les biens puissent passer régulièrement d'une main dans l'autre, sans que l'acquéreur soit exposé à se les voir enlever.

On comprend qu'il ne soit pas possible de concilier toutes ces considérations sans arbitraire. Les différents titres à une même chose se nuisent réciproquement; la nécessité se fait sentir de sacrifier les uns pour faire place aux autres. L'épuration s'opère en suivant deux principes : le refus de reconnaître la propriété de l'ennemi et la prescription.

L'ennemi n'a pas de droits ; les choses qui lui appartiennent sont censées n'appartenir à personne, celui qui s'en empare est censé premier occupant. Cette fiction du droit de la guerre primitif, que nous voyons circonscrire graduellement, d'abord par l'exception du *postliminium*, est dans un certain sens le fondement du droit de propriété. La phrase de Gaïus : « *Maxime sua esse credebant quæ ex hostibus ceperant,* » a plus de portée qu'on ne le croit en général. Elle est l'expression, non pas d'une particularité du droit romain, mais d'une nécessité qui se retrouve la même à peu près partout. La fiction du droit de la guerre supprime non seulement les droits de l'ennemi, mais encore tous les droits antérieurs à ceux-là. Il en résulte que celui qui a pris une chose à l'ennemi se trouve à l'abri de toute réclamation. Nous allons voir bientôt qu'on ne trouve nulle part ailleurs une aussi grande sécurité. Je reviendrai sur cette idée pour montrer le parti que les temps modernes en ont tiré.

La prescription ne se borne pas aux biens ennemis, elle est destinée à permettre la création d'un droit nouveau en supprimant les anciens. On distingue la prescription acquisitive et l'extinctive. La première est la plus importante ; elle est le but dont l'autre n'est que le moyen. On ne détruit pas des droits pour les détruire, mais pour faire place d'autres. La prescription repose sur une idée qui rappelle l'origine guerrière des institutions juridiques, sur l'idée que chacun doit veiller au maintien de ses droits, sous peine de les perdre. La Société ne fait que nous donner des moyens plus efficaces et plus doux tout à la fois, mais elle n'entend point encourager l'indolence. *Jura vigilantibus scripta.* Chacun doit faire respecter ses droits sous peine de les voir annulés. A ce point de vue, la prescription est essentiellement stimulante et moralisatrice. Elle a bien mérité d'être appelée la patronne du genre humain.

D'autre part, cette institution est brutale, capable de mal comme de bien ; elle a souvent pour effet de consacrer des spoliations. On a cherché à la perfectionner, à en conserver les avantages, tout en évitant les inconvénients qui s'y trouvent attachés. On lui a imposé des conditions de plus en plus sévères : la bonne foi, par exemple, n'était pas nécessaire dans l'origine ; avec le temps on l'a exigée, d'abord au début de la possession et plus tard pendant toute sa durée. En outre, au fur et à mesure que la civilisation progresse, on prolonge le délai requis pour prescrire, lequel varie de trois jours à trente ans et même plus ; dès lors, les avantages de la prescription sont tout à la fois plus difficiles à atteindre et moins précaires. La position travail s'améliore au détriment de la conquête.

On ne s'est malheureusement pas contenté d'imposer à la prescription des conditions rigoureuses; on a cru bien faire de l'entamer par des exceptions. On a exclu, par exemple, les choses volées. En agissant de la sorte, on a fait perdre à la prescription toute son efficacité en détruisant la sécurité qu'elle procurait. Dans les cas précisément où la prescription pourrait être utile, on ne peut pas s'y fier parce qu'on ne sait pas si la chose à prescrire n'a pas été volée. La ruine de la prescription entraîne des conséquences très graves; tout le commerce en est compromis. Les contrats d'aliénation, par lesquels le cédant s'engage à livrer la chose et à ne pas la réclamer, n'offrent aucune sécurité si l'on reste indéfiniment exposé à des réclamations dont rien ne faisait soupçonner l'existence. La précaution de les conclure devant témoins ou même devant le tribunal n'est d'aucun secours contre une telle éventualité. Il n'y a pas jusqu'au crédit des institutions judiciaires qui ne s'en trouve ébranlé. Le juge, en effet, ne crée pas de droits nouveaux; il prononce sur des droits existants sans les purger des vices cachés dont ils peuvent être affectés. Voilà donc les droits réels de nouveau dans l'incertitude; pour en sortir, on se tourne encore une fois du côté de la guerre.

La subhastation est dans l'origine la vente par l'État du butin fait à la guerre; on l'employait aussi pour la vente par l'État des biens du failli, lequel était assimilé à l'ennemi. On ne s'est pas arrêté là : pour éteindre les droits qui peuvent grever une chose sans qu'on s'en doute, pour se soustraire d'une manière plus complète encore que par l'adjudication aux réclamations auxquelles ils peuvent donner lieu, on a pratiqué dans certains pays des subhastations qui ne se légitiment ni par une faillite, ni par aucune espèce d'hostilité réelle ou fictive. Un tel procédé renferme assurément une injustice commise au détriment des ayants droit inconnus, mais on la tolère en raison des avantages qu'elle procure d'un autre côté. D'ailleurs une application plus rigoureuse du principe de la prescription aboutirait au même résultat.

Les avantages du droit de la guerre s'obtiennent encore par l'assignation que l'État fait de ses biens à des particuliers. L'État tenant sa possession de la conquête, tous les droits antérieurs au sien se trouvent détruits. La possession qu'on a reçue de lui n'a rien à craindre que de lui, ce qui revient à dire le plus souvent qu'elle présente toute la sécurité qu'il est possible d'obtenir. Elle a pour garants les autres concessionnaires, qui sont tout à la fois aliéneurs comme membres de l'État, témoins et acquéreurs comme propriétaires ; à ce dernier titre, ils sont intéressés autant que possible au respect des conventions.

Les assignations onéreuses et gratuites, lors même qu'elles ne se présentent guère sous leur forme naturelle dans les Sociétés avancées, n'en conservent pas moins une grande importance théorique. Quand la Société s'organise, elle se réserve exclusivement le droit de la guerre ; il en résulte qu'on ne peut jouir des avantages attachés à la position du premier occupant que par l'intermédiaire de l'État. D'autre part, la guerre réelle ou fictive est pour l'État l'occasion la plus importante d'acquisition. Tous ces faits mal interprétés ont fait naître l'idée que l'État, en acquérant une chose, détruit tous les droits antérieurs sur cette chose. C'est ce qui a lieu souvent, mais non pas nécessairement. Ce n'est point un droit inhérent à l'État, mais un effet du droit de la guerre réelle ou fictive, lequel n'est lui-même qu'une application artificielle du droit du premier occupant.

C'est probablement en partie à ce malentendu que nous devons la grande et salutaire influence qu'ont exercée sur la constitution de la propriété les aliénations opérées par l'État. Celui qui tient une chose de l'État, d'une manière immédiate ou par une série de transmissions régulières, est au bénéfice des avantages reconnus au premier occupant. Son titre l'emporte sur tous les autres ; s'il perd contre sa volonté la détention de la chose, il peut la reprendre au possesseur ou, pour employer

le terme technique, la revendiquer. Ce droit de revendication est l'élément essentiel de la propriété,
le caractère qui la distingue de la possession. On
peut l'exercer, soit quand on tient la chose de l'État,
soit quand on remplit les conditions requises pour
la prescription complète. On arrive quelquefois au
même résultat par une fiction de possession ; une
telle faveur est accordée, en droit germanique par
exemple, sous le nom de saisine de droit, à l'héritier et au spolié.

La preuve que l'on tient de l'État présente souvent
de très grandes difficultés qui obligent à se rejeter
sur la prescription. Les autres formes d'acquisition,
en effet, par exemple la mancipation, la cession
juridique et l'adjudication romaines, ne procurent
la revendication que moyennant l'existence, au
moins présumée, de certaines conditions. Dans ces
circonstances, les avantages résultant du droit du
premier occupant perdent de leur importance, jusqu'à l'invention toute moderne des registres fonciers, où doivent être inscrites, sous peine de nul-
lité, toutes les cessions et transmissions de droits
immobiliers. Dès lors, l'État en sa qualité de premier occupant conventionnel, devient la seule source
de la propriété. La prescription se trouve alors re-
poussée à l'arrière-plan ; la possession cesse d'être
un indice de propriété, tout en restant peut-être un
moyen de l'acquérir. Celui qui pendant un temps

13

déterminé a possédé, cultivé et probablement amélioré un fonds, doit avoir le droit de demander que la propriété lui en soit transférée et que ce changement soit consigné sur les registres; mais tant qu'il n'y a pas eu de transcription, la propriété reste ce qu'elle était, nonobstant l'accomplissement de toutes les conditions nécessaires pour prescrire. Tel est, suivant toute apparence, le régime auquel on finira par arriver partout, bien que les divers systèmes juridiques, arrêtés par toutes sortes d'obstacles, s'en trouvent encore plus ou moins éloignés. Alors la propriété dans le sens précis du mot, par opposition à la possession, deviendra une réalité, tandis qu'elle n'est restée longtemps qu'une aspiration très imparfaitement satisfaite. Les choses sont assignées à des personnes déterminées, qui, lorsqu'elles ont perdu la possession, peuvent la revendiquer, c'est-à-dire la reprendre en vertu de leur droit, même de celui qui l'a acquise d'une manière irréprochable, sans avoir besoin d'alléguer un délit du possesseur.

Mais le système des registres fonciers, probablement indispensable à l'existence d'une propriété accomplie, n'est pas applicable aux meubles, qui d'ailleurs ne s'en accommoderaient guère. Il faut, en effet, que les meubles puissent passer facilement d'une main dans l'autre. Aussi le système qui tend à prévaloir dans ce domaine, bien qu'il n'y soit pas non plus appliqué partout, est-il celui qui donne la préférence au possesseur actuel et qui se résume dans la règle : « En fait de meubles, possession vaut titre ».

Le rôle important joué par le droit de la guerre dans la constitution de la propriété se révèle dans certains symboles, dont la signification n'a pas toujours été comprise et auxquels j'ai déjà fait allusion en parlant de la subhastation.

Dans les expéditions de chasse, de pillage ou de guerre, une même pièce de gibier ou de butin peut être frappée par plusieurs chasseurs ; auquel d'entre eux appartiendra-t-elle, à celui qui a porté le premier coup, ou à celui qui a opéré la capture définitive ? La solution varie du tout au tout, suivant les temps ou les phases de la civilisation. Justinien, tout en constatant l'existence d'une controverse, se prononce en faveur de la capture définitive (L. 5, § 1, D. 41, 1). Mais c'est le point de vue d'une époque où la chasse ne joue qu'un rôle insignifiant comme moyen d'acquérir la propriété. Les peuples primitifs, les nomades de l'Afrique entre autres, donnent la préférence à celui qui a porté le premier coup. C'est lui qui est le premier occupant ; les autres sont entrés dans sa sphère d'action et ne doivent être considérés que comme ses auxiliaires. Cela ne veut pas dire qu'ils n'aient jamais rien à réclamer. Dans le Zambèze, par exemple, l'auteur

du second coup a droit à un quartier de derrière,
l'auteur du troisième à une épaule. Quand un élé-
phant blessé sur un territoire s'en va mourir sur
un autre, le souverain de ce dernier a droit
également à une partie de l'animal. Nous trouvons
des règles analogues, à quelques modifications de
détail près, chez les Groënlandais et les Lapons. Quelquefois, probablement quand on ne peut pas déterminer quel est l'auteur du premier coup, on assigne le gibier au chasseur dont la flèche se trouve
le plus près du cœur.

Le même principe s'appliquait au butin fait à la
guerre, mais des circonstances particulières en ont
modifié l'application. A la guerre, on a besoin de
beaucoup plus de discipline qu'à la chasse. Il faut
surtout éviter tout ce qui pourrait faire naître des
conflits entre les compagnons d'armes. C'est dans
ce but qu'on a établi chez certains peuples la règle
que le butin fait à la guerre appartient tout entier
à l'État. Après la victoire, une répartition aura lieu
entre les soldats. A Rome, c'est le général qui
l'opère ; chez les musulmans c'est l'iman, qui tient
compte de certaines règles établies par le Coran à
ce sujet.

On voit que les Romains de la période historique n'observaient pas, à l'endroit du butin fait à la
guerre, les usages que nous retrouvons chez tous
les peuples primitifs, qu'ils vivent près des pôles

ou sous les tropiques. Mais il n'en était pas ainsi dans l'origine; il y a tout au moins de fortes raisons de le penser. Comment expliquer autrement que l'arme nationale, la lance, soit devenue le symbole de la propriété, et que la revendication se soit opérée en touchant l'objet du procès avec un bâton, lequel n'est pas autre chose que la forme émoussée de la lance primitive? De nos jours encore, que ce soit à la guerre ou à la pêche à la baleine, on signifie la prise de possession en arborant un drapeau, c'est-à-dire une lance pourvue d'une bande d'étoffe aux couleurs de son propriétaire.

III. *Les droits de famille.*

On a souvent présenté le droit de famille comme une ramification du droit sur les choses. Il est évident que le point de départ a été le même; le développement s'est opéré dans des directions différentes. Les individus de l'espèce humaine ont besoin d'être traités comme des personnes, comme des êtres libres, responsables, qui sont leur but à eux-mêmes et ne doivent pas être traités comme de simples moyens. C'est à cette condition seulement qu'ils pourront développer leurs facultés, rendre les services qu'ils sont destinés à procurer. Ces considérations creusent graduellement un abîme entre le régime des personnes et celui des choses. La transformation nécessaire ne se serait probablement jamais opérée sans l'intervention de la Société politique. Celle-ci trouve la famille sous la forme brutale de la possession de l'homme par l'homme ; elle la régularise par l'application de principes différents de ceux qu'elle suit pour les choses, qui se trouvent compliqués par une circonstance particulière.

L'homme a besoin d'indépendance, mais il ne peut pas toujours la supporter. La qualité de personne est un idéal qu'il faut poursuivre, mais auquel tous ne parviennent pas. J'aurai peut-être plus tard l'occasion de prouver qu'il n'y a pas d'individu qui ne doive, dans certains cas, être traité comme une chose. En attendant, tout le monde conviendra que l'état d'indépendance doit être précédé et préparé par une période de soumission destinée à l'éducation. De là le régime particulier auquel sont soumis les enfants et qui, à quelques modifications près, se prolonge toute la vie pour les personnes atteintes de maladies mentales, chez certains peuples même pour les femmes. De là résulte que le régime primitif et naturel de la possession de l'homme par l'homme peut bien être circonscrit et réglementé au profit de la liberté, mais non pas absolument supprimé. Il s'agit de trouver un régime qui assure les avantages de la dépendance, tout en évitant ses inconvénients. C'est ce régime qui constitue le droit de famille.

On a cru longtemps que dès l'origine des Sociétés, la paix avait trouvé dans la famille un refuge assuré. On abandonne aujourd'hui cette opinion. On se convainc que la famille, dans le sens actuel du mot, n'a pas toujours existé. Le voyageur du Chaillu donne un dessin représentant ce qu'il appelle la paix du ménage en Afrique : c'est une cravache en cuir d'hippopotame, dont les Africaines portent presque toutes, quelquefois toute leur vie, les traces sur leur corps. Rapprochons ce fait d'une déclaration formulée comme un résultat de ses expériences personnelles par un jurisconsulte illustre, le professeur Ch.-S. Zachariæ. Dans les unions les mieux assorties, dit-il, une fois la lune de miel passée, il faut qu'une petite guerre vienne fixer la position respective des deux époux. Ainsi la famille se forme par la guerre, et ne nous présente pas de point de départ au delà duquel il ne soit pas possible ou nécessaire de remonter.

La formation de la famille donne donc lieu à des oppressions contre lesquelles il y a lieu de prendre des précautions. L'intervention nécessaire pour atteindre ce but a lieu d'abord, à une époque où l'État politique n'est pas encore constitué, par la famille de l'épouse, dont la tâche est considérablement facilitée par les traditions et les habitudes

de la gynécocratie. Chez certains peuples, la mère
et les enfants appartiennent à la famille maternelle,
tant que le père ne les rachète pas. Chez les Arau-
caniens, quand une femme vient à mourir, le mari
doit faire aux parents de celle-ci des cadeaux considérables, surtout quand on le soupçonne d'être
la cause de sa mort. L'édit du roi lombard Rotha-
ris, qui est certainement une des meilleures
sources de renseignements que nous ayons sur le
droit germanique primitif, permet à la femme de
quitter dans certains cas la famille de son mari
pour se réfugier chez ses parents ou à la cour du
roi. Ce dernier est le germe de l'État, qui vient
s'ajouter à la famille, d'abord pour la remplacer
quand elle fait défaut, puis pour la compléter et
finalement pour la supplanter à certains égards.
Cette faculté laissée à la femme de s'enfuir rappelle le droit reconnu aux esclaves africaines de
quitter le maître qui les maltraite pour chercher
un asile chez un autre qu'elles espèrent devoir être
plus humain. Le *trinoctium* romain n'est qu'une
expression beaucoup plus accentuée de la même
idée : la femme mariée qui préférait rester sous la
puissance de son père plutôt que de passer sous
celle de son mari, pouvait s'assurer cet avantage
en quittant chaque année le domicile conjugal
pour demeurer trois nuits consécutives dans la
maison paternelle.

On voit que pour l'épouse au moins, la domination du chef était contrebalancée dans une certaine mesure par la famille originelle. Cette protection, que nous trouvons même au Japon, s'exerçait dans les formes de la justice propre, c'est-à-dire de la guerre, et par conséquent d'une manière tantôt défectueuse et tantôt abusive. Plus tard, au fur et à mesure que la Société politique et religieuse se constitue, elle considère comme une de ses premières attributions d'empêcher l'oppression de ceux qui ne peuvent pas se protéger eux-mêmes. Elle fournit, entre autres, aux membres de la famille des armes pour résister au chef; quelquefois elle prend elle-même l'initiative de l'opposition. Le droit de famille suppose donc la coexistence de plusieurs puissances en présence, qui se tiennent mutuellement en échec. Le rôle de l'Etat est de les maintenir en équilibre.

Il est toutefois un système dont le développement a été tout différent : c'est celui de la famille romaine. Mais nous avons là une de ces exceptions qui confirment la règle. La famille romaine n'a pas de droit; elle s'est trouvée constituée tout à fait accidentellement par l'effet de règles qui n'avaient pas été faites pour elle. La République romaine est une confédération de petites monarchies; elle règle minutieusement les relations des États qui la constituent, mais elle s'abstient par principe de toute intervention dans leurs affaires intérieures.

Quand un grand progrès s'accomplit en laissant en dehors certaines personnes ou certaines institutions, ce progrès se trouve être pour elles un véritable danger. La servitude, par exemple, s'aggrave au fur et à mesure que la civilisation se perfectionne. Quelque chose d'analogue s'accomplit pour la famille romaine, avec cette différence que l'esclavage est une institution morbide, destinée à disparaître, alors que la famille doit devenir de plus en plus la pierre angulaire de la Société.

L'État romain ne connaissait absolument que les chefs de famille, il les défendait contre l'étranger, contre les autres chefs de famille, enfin contre leurs propres ressortissants, auxquels il n'accordait en revanche aucune espèce de protection. Le résultat de cette manière de faire était pour les pères la faculté d'opprimer impitoyablement leurs enfants. Il en sera probablement toujours ainsi dans les confédérations établies au profit des princes et des gouvernements, à l'exclusion des sujets. L'absolutisme qui régnait dans les territoires du Saint Empire Romain ou plutôt germanique, et qui faisait contraste avec la faiblesse du lien fédéral, avait probablement la même cause que le pouvoir juridiquement absolu du père de famille romain. Dans un cas comme dans l'autre, le progrès politique ne profitant pas aux sujets se trouve fait contre eux.

Ainsi ce qu'on appelle le droit de famille romain est plutôt la négation de tout droit et l'organisation systématique de l'arbitraire dans la famille. Aussi voyons-nous le peuple-roi lutter pendant toute son existence pour détruire le régime qui lui avait été imposé par les circonstances, en particulier probablement par une organisation prématurée. Les vainqueurs du monde ne parviennent pas, après une lutte de douze siècles, à transformer complètement l'institution. Il a fallu l'arrivée des Germains pour consommer cette révolution intime.

IV. *Le droit de succession.*

La succession est le transfert d'un droit d'une personne à une autre. Un phénomène de ce genre implique l'existence d'une justice sociale. Sous un régime où chacun se fait droit à soi-même, un changement de titulaire implique un changement de justicier; plusieurs personnes peuvent bien avoir successivement des droits sur une même chose, mais ce sont des droits différents. Il peut y avoir transfert de fait, mais il n'y a pas transfert de droit. C'est pour cela qu'il ne peut pas y avoir de véritable succession dans le domaine de la pure possession.

Ainsi, dans la phase de la justice propre, il n'y a pas succession, il y a conquête. Mais aussitôt que l'action sociale s'organise, son influence se fait sentir ici; dès que la guerre se régularise, une espèce de succession s'y établit. L'envahisseur prend la place de l'ancien souverain, s'en attribue les droits, mais reconnaît aux sujets les leurs. Ce système, qui ménage les différents intérêts dans la mesure du possible, s'établit par le fait d'une certaine pression exercée par l'opinion publique, pression qui est la première manifestation de la justice sociale naissante, et qui commence à se faire sentir même dans le domaine international.

Nous retrouvons un développement analogue dans le droit privé. Dans la première phase de l'histoire de la propriété, il est permis de s'emparer d'un champ en tuant le propriétaire dans un combat singulier. C'est peut-être en partie pour parer aux inconvénients d'un tel état de choses qu'on établit la communauté pour les fonds de terre; pour les meubles, le partage se maintient. Il en est de même du droit de conquête jusqu'à ce que l'établissement de la paix publique en ait restreint graduellement les applications. C'est dans le cas des décès qu'il se conserve le plus longtemps. Le mort n'a pas de droit; ses biens n'ont pas de maître; ils échoient au premier occupant, et font l'objet d'un pillage légal qui prend chez les Romains les formes de l'*expilatio hereditatis* et de l'*usucapio pro herede,* mais qu'on aurait bien tort de considérer comme une institution particulière à ce peuple. Le pillage légal des biens du défunt est graduellement circonscrit et régularisé par les lois et plus encore par les mœurs. Il est d'abord arrêté par le principe de la communauté familiale, que nous voyons reparaître à Rome pour cette occasion, pendant qu'elle disparaît à d'autres égards. Quand la famille est propriétaire, la mort de son chef n'est pas l'occasion d'une véritable succession ; en d'autres termes, la présence d'héritiers directs exclut le pillage légal. Plus tard on prend des mesures pour assurer un partage équitable entre les parents plus éloignés et pour exclure les étrangers. Et pourtant la forme ordinaire de la succession est toujours une prise de possession opérée par l'héritier, autorisée, au besoin même protégée par la Société.

Je ne dis rien ici de la succession testamentaire, où nous ne devons voir qu'un remplaçant ou une modification de la succession *ab intestat.*

Il resterait à parler de la procédure civile ; mais il y aurait tellement à dire à son sujet que je préfère le réserver pour un volume spécial, qui sera probablement le quatrième de la collection.

LIVRE SIXIÈME.

LA GUERRE ET LE DROIT ADMINISTRATIF.

I. *L'usurpation.*

C'est à dessein que j'emploie ici le terme de droit administratif plutôt que celui de droit constitutionnel. Le droit administratif se définit par son objet, qui est la détermination des attributions des divers fonctionnaires et du gouvernement dans son ensemble. Le droit constitutionnel est déterminé par sa forme; il se compose de dispositions empruntées à toutes les parties du droit, bien que le droit administratif y joue naturellement le principal rôle. Il établit des principes fondamentaux, qu'il fait adopter et garantir directement par le peuple; ainsi le respect de la propriété ou l'abolition de la peine de mort. Mais il n'a pas de domaine qui lui soit propre; il n'y a pas lieu de lui consacrer ici un livre à part. Ce sont ces considérations qui m'ont fait donner la préférence au terme que je crois le plus correct sur un autre plus usité.

Les hommes n'ont pas tous les mêmes intérêts,

ni surtout la même manière de les comprendre, les mêmes opinions, comme on dit. Chacun veut entraîner les autres dans le sens qu'il croit lui convenir, et ce sont justement les plus irrésolus qui respectent le moins la liberté de leur entourage, parce que ce sont eux qui attachent le plus d'importance à se sentir appuyés. Ce besoin de domination est si impérieux que nous jouons souvent notre vie pour le satisfaire. A l'origine des sociétés, il n'apparaît pas encore, parce que l'homme n'est pas son propre maître, qu'il obéit sans les contrôler, souvent sans s'en rendre compte aux instincts naturels dont il est possédé. Les individus se ressemblent trop pour avoir des besoins différents. Ils se diviseront peut-être quand il faudra partager, mais tant qu'il s'agit de produire et de conquérir, l'action commune s'établit tout naturellement. Chez les hommes comme chez les animaux, les troupeaux, formés par l'identité des impulsions, n'ont pas de véritables rois, mais de simples guides désignés par l'acuité de leurs sens, par la promptitude de leur coup d'œil, par l'audace qui en est la conséquence; c'est ainsi que les choses se passaient chez les Germains du temps de Tacite. Quand les circonstances se compliquent, déjà chez les animaux et, à plus forte raison, chez les hommes, le sens ne suffit plus et l'on donne la préférence à l'âge. Mais ce changement n'a qu'une portée secondaire; comme par le passé, on suit celui qui sait le mieux trouver le chemin que tout le monde cherche. Le prince n'est que l'exécuteur du vœu général ; il ne peut pas abuser de son pouvoir puisqu'il n'en a pas.

Mais bientôt les progrès de la civilisation et surtout le développement de la conscience s'opposent à ce qu'on se contente d'un tel état de choses. Les divergences d'intérêts et d'opinions font leur apparition. La solidarité sociale qui existait naturellement, disparaît. Il faut la remplacer par des moyens artificiels. Le besoin se fait sentir de constituer un pouvoir social qui s'impose et rétablisse, par la contrainte, l'unité d'action détruite. Mais si l'on est d'accord sur la nécessité d'un tel pouvoir, on ne l'est pas sur l'usage qu'il doit faire de ses attributions, ni sur les personnes auxquelles il doit être confié. Chacun cherche à le constituer d'une manière qui lui profite ; et comme dans cette lutte on a besoin d'alliés, la Société politique se divise en factions, qui se disputent la direction des affaires publiques. Ces factions, du reste, sont déterminées par des circonstances très diverses, territoriales, professionnelles, économiques. L'opposition la plus ancienne, qui appartient, il est vrai, aux phénomènes internationaux plutôt qu'aux faits de l'ordre constitutionnel, est fondée sur la race. L'apparition des factions amène la guerre civile et l'oppression d'une partie du peuple par l'autre,

L'inégalité, sans doute, n'est pas aussi grande que celle qui résulte de la domination d'un peuple par un autre, mais elle reste néanmoins pernicieuse ; la guerre intérieure, au lieu d'être déclarée comme l'autre, est dissimulée, ce qui a de bons côtés, mais aussi de mauvais.

Des progrès considérables ont été réalisés cependant. Grâce aux développements différents exigés par la loi de spécialisation croissante, les hommes ont plus besoin les uns des autres et sont tenus à plus se ménager que par le passé. La même circonstance rétablit dans un certain sens l'égalité détruite. Les supériorités, d'absolues qu'elles étaient, deviennent partielles. Ceux qui ont dû céder sur un certain terrain peuvent espérer de prendre leur revanche sur un autre. Nous trouvons dans l'Inde des exemples de l'inégalité qui est fondée sur la race et de celle qui provient de la profession. Quand les Aryas eurent achevé la soumission des indigènes, les guerriers s'élevèrent au-dessus de leurs frères. Plus tard, les prêtres sortirent, à leur tour, de la masse pour établir leur prépondérance sur les guerriers eux-mêmes. Au moyen âge, une lutte analogue a lieu entre la noblesse militaire et le clergé, recruté en grande partie dans les populations vaincues et prenant leur défense contre leurs oppresseurs. Plus tard nous voyons, en particulier en France, les légistes, appuyés sur la couronne, s'efforcer de résister aux empiètements du clergé.

Ainsi les pouvoirs sociaux se constituent par des usurpations destinées à satisfaire des intérêts particuliers. Cela reste vrai de ceux-là mêmes qui émanent de l'élection populaire; car il faut aussi conquérir la confiance et la faveur. Ces usurpations sont opérées par des groupes qui se forment au sein de la nation pour s'emparer de la direction des affaires et l'exercer, tout à la fois, collectivement et dans leur intérêt exclusif. Par leurs abus, ils provoquent des résistances, des coalitions et des réactions, qui aboutissent à leur renversement. On finit par comprendre qu'on ne peut jouir de la paix, des bienfaits d'une Société complète qu'en reconnaissant à tous les hommes un droit égal à la protection sociale, et, par conséquent, à la participation au gouvernement; car nul n'est bon juge de l'intérêt d'autrui. C'est pour cela qu'au régime de l'exclusivisme sous prétexte d'aristocratie succède la démocratie. Mais le progrès est resté jusqu'ici plus apparent que réel. Les intérêts particuliers continuent à se disputer la possession du pouvoir; seulement, ils sont obligés de se cacher pour le faire. La démocratie est un idéal que l'on poursuit, une théorie que l'on professe, une apparence que l'on se donne. Mais nous sommes encore loin de la pratiquer sérieusement. A quoi cela tient-il?

Il est très difficile de se rendre compte de la mesure et de la forme dans lesquelles peut se réaliser la souveraineté du peuple ou démocratie. Il ne peut pas être question du gouvernement par les masses. Celles-ci ne peuvent acquérir les connaissances indispensables à l'expédition des affaires, apprécier les circonstances pour y conformer leur conduite; l'unité nécessaire à toute direction leur fait défaut. Aussi incapables de comprendre un raisonnement que de résister à une séduction, elles sont tout à la fois obstinées et inconstantes. On ne peut ni leur résister, ni les rendre responsables, ni calculer leur conduite. Le gouvernement du peuple en masse, c'est le régime de la terreur.

On a dit, et l'on entend encore répéter de nos jours, même par des gens qui passent pour compétents, qu'il n'y a pas lieu de prendre des précautions contre les abus que le peuple pourrait faire de son pouvoir; il n'arrive pas, dit-on, qu'une personne s'opprime elle-même. Tenir un pareil raisonnement, c'est jouer sur les mots et montrer une singulière ignorance, non seulement des conditions de la politique, mais encore des éléments de la psychologie. Qu'est-ce, en effet, qu'une passion, sinon l'asservissement d'un être à une partie de lui-même ? Or, les masses sont essentiellement passionnées, par le fait même de leur caractère collectif. Sans doute, il est des points sur lesquels tout le monde est d'accord. Ces points-là se règlent d'eux-mêmes, sous la forme de la coutume, sans qu'il soit nécessaire de prendre aucune mesure pour cela; ils passent inaperçus dans la vie politique des peuples. Mais il en est d'autres sur lesquels les intérêts ou les opinions diffèrent. L'unité d'action ne peut s'établir sur ces points que par le sacrifice de certaines exigences. Si les conflits qui surgissent à cette occasion sont tranchés par les masses, on a la guerre civile ouverte ou latente en permanence. Les divergences se passionnent, les factions se forment et s'oppriment sans merci les unes les autres.

L'excès du mal produit un remède partiel. La guerre civile exige, comme l'autre, la discipline. Le peuple se trouve poussé par cette circonstance à disposer de son pouvoir en faveur de certains individus qui l'exercent en son nom et sont chargés d'apprécier ses volontés pour les exécuter. A l'anarchie succède la démagogie. Il y a progrès parce que les démagogues réussissent, en transigeant avec le peuple, à lui faire éviter quelques grosses fautes; mais ce progrès est insuffisant. Le chef de l'État, tout-puissant peut-être vis-à-vis des particuliers, n'en est pas moins sous un pareil régime dans la dépendance des masses ou des factions; car un homme seul ne peut pas s'imposer à tout un peuple. Aussi l'opposition de la république et de la monarchie n'a-t-elle pas une grande importance; elle concerne l'administration plus encore que la constitution; le régime républicain n'est très souvent que de l'impérialisme avorté; le césarisme, à son tour, peut n'être qu'un manteau recouvrant le terrorisme démagogique. Nous en avons un exemple dans Néron, martyrisant les chrétiens pour assouvir la populace exaspérée par l'incendie de Rome. La différence importante est celle qui existe entre les gouvernements absolus et ceux dans lesquels tous les pouvoirs sont limités. Les inconvénients de l'absolutisme ne sont jamais si grands que lorsqu'il s'exerce par le peuple ou en son nom. Il faut de la justice dans les affaires publiques comme dans les affaires privées. Il ne peut point y en avoir si l'on ne distingue pas l'œuvre de chacun. La confusion et l'obscurité qui en résulte sont les avant-coureurs de l'immoralité. Le gouvernement populaire favorise ces vices; il place les chefs dans la nécessité de flatter les passions des masses, souvent même de les exciter pour s'en servir et de mettre sur le compte du peuple des actes dont celui-ci est parfaitement innocent. Il est intéressant de rapprocher cette manœuvre, qu'on a malheureusement trop souvent l'occasion de constater, de la maxime qui interdit dans les débats du Parlement anglais de se couvrir du nom et de l'autorité de la couronne. Une fois la porte ouverte par la constitution à la confusion et à ses déplorables conséquences, il est impossible que la mauvaise foi ne se propage pas; elle finit par s'afficher avec une effronterie systématique et par devenir une véritable arme de guerre.

Les défauts de la constitution politique exercent donc une influence fâcheuse sur le sens moral d'un peuple; la guerre sourde des factions, moins pernicieuse matériellement que la guerre ouverte, l'est peut-être beaucoup plus à d'autres points de vue; les luttes de parti sont pour un peuple, non pas un signe de vie comme le croient bien des gens, mais un symptôme de décomposition.

Le gouvernement par le peuple ne peut être qu'une fiction dont il faut se hâter de sortir. Si on ne le fait pas, on se voit contraint, pour rester fidèle à la position prise, de marcher de fiction en fiction jusqu'à ce qu'on se trouve complètement dans le faux. Il faut reconnaître que ce sont toujours des individus qui gouvernent. Le peuple peut seulement traiter avec eux et leur imposer des conditions. S'il ne prend pas ses mesures dans ce sens, il s'engage dans la voie qui mène au césarisme. Il s'établit nécessairement entre ceux qui jouissent de la faveur populaire des conflits qui se termineront tôt ou tard par le triomphe de l'un d'eux, du moins scrupuleux sans doute, sur tous ses rivaux. Pourvu qu'il ne se mette pas en contradiction flagrante avec le sentiment populaire, celui qui se trouve être temporairement l'idole du peuple peut tout se permettre; mais il lui faut, à tout prix, conserver cette faveur. On comprend que sous un pareil régime la sécurité ne puisse pas être beaucoup plus grande qu'avec l'anarchie. Tous les gouvernements absolus se ressemblent : ils aboutissent tous au terrorisme. Force est de nous retourner du côté des autres, d'autant plus que les masses sont naturellement hostiles au progrès.

Ainsi, les peuples commencent par une phase de communisme politique, pendant laquelle ils sont gouvernés par leur sens commun, par un instinct qui doit à son défaut de développement de se trouver le même chez tous les individus, et qui, par l'universalité de l'influence qu'il exerce, oppose une digue suffisante aux abus de pouvoir. Ce sentiment commun, comprenant l'ensemble des règles morales que l'on est convenu d'observer, constitue la véritable religion nationale, au moins dans son côté pratique. Le communisme politique coïncide presque avec ce qu'on appelle aussi la monarchie théocratique, régime où les pouvoirs du prince sont limités par la religion, des exigences desquelles le peuple entier est juge et exécuteur. Mais, quand la communauté d'instinct et de religion se trouve effacée par les lumières naissantes de la raison, que les anciennes digues se trouvent rompues sans qu'on ait su les remplacer par d'autres, le régime de l'absolutisme monarchique s'établit tout naturellement. On supplée par l'unité de la personne à celle qui fait défaut dans les sentiments. Ce n'est pas un pur effet du hasard si, dans les temps modernes, la réforme religieuse marque le commencement de la phase de la monarchie absolue, et si les peuples protestants sont plus attachés à leurs dynasties que les catholiques. Mais l'expérience ne tarde pas à montrer les dangers de l'impérialisme, et force à chercher les moyens de les conjurer. On essaie de différents remèdes avec plus ou moins de bonheur, sous l'empire de certaines aspirations contrecarrées par certains obstacles. Pour faire comprendre le rôle de ces différents facteurs, j'essaierai d'abord de tracer un tableau idéal du système auquel on tend, sans m'arrêter aux modifications exigées par les circonstances perturbatrices; je parlerai ensuite des tentatives manquées auxquelles on a été conduit.

II. *La légitimité.*

Pour corriger les abus de pouvoir, on peut recourir aux voies de fait ou aux voies de droit, à la méthode de la révolution ou à celle de la légitimité. Je prends ce dernier mot non dans le sens dénaturé qu'on lui donne quelquefois, mais dans son acception étymologique et primitive, rappelée déjà par Bluntschli, p. 19 de la traduction française de son *Droit public général*.

La méthode légitimiste est d'une application très difficile; aussi n'a-t-elle jamais été complètement réalisée, et faut-il en chercher le type dans l'avenir. C'est parce qu'ils sont incapables de répondre à ses exigences toujours croissantes, que les peuples se trouvent poussés à la dérive sur la pente fatale de la révolution.

La légitimité, c'est le règne de la loi; et la loi, c'est l'expression la plus fidèle de la volonté populaire. Le but que se propose la légitimité, c'est de réaliser dans la mesure du possible la souveraineté populaire en faisant échec aux usurpations, en empêchant que le pouvoir soit accaparé par un ou plusieurs individus au détriment des autres. Le moyen qu'elle emploie consiste à faire exercer les pouvoirs publics par des personnes déterminées, dont le peuple définit les attributions, qu'il élit et qu'il contrôle.

On peut caractériser encore la légitimité en disant que c'est une forme de constitution dans laquelle aucun pouvoir n'est absolu, pas même celui du peuple, le plus dangereux de tous. Il est vrai que les limites mises à la compétence du peuple n'ont qu'une valeur relative; personne n'a le pouvoir d'empêcher les masses de manquer à leurs engagements. Il n'en reste pas moins vrai qu'une parole donnée peut constituer un frein d'une grande efficacité, et qu'il serait d'autant plus coupable de négliger ce moyen qu'on n'a rien de mieux à offrir. Le but du peuple, en formulant la loi, c'est de prendre des précautions contre lui-même et contre les entraînements auxquels il est exposé ; c'est, en d'autres termes, de mettre fin, au profit du véritable intérêt général, à la domination des factions et aux luttes qu'elles se livrent pour se disputer l'empire. Seulement la loi ne suffit pas à elle seule pour atteindre ce but. Il faut des individus qui dirigent la force publique et qui en disposent. Le fonctionnaire ou, comme on disait à l'origine, le juge est tout à la fois plus ancien et plus important que la loi. Celle-ci ne peut pas gouverner, parce qu'elle est impuissante en face de l'imprévu. Comme le peuple, dont elle est l'organe, elle ne peut jouer qu'un rôle négatif, limitatif. On pourrait, à toute rigueur, se passer d'elle ; mais on ne peut pas se passer du fonctionnaire, dont elle se borne à préciser les attributions. Le régime légitimiste compte moins que le régime constitutionnel sur les principes et les formules. Il emploie comme éléments positifs de son système des volontés vivantes, appréciant et décidant librement ; il veut seulement prévenir les abus en précisant les compétences. Il ne constitue donc proprement qu'un correctif et, pour se faire une idée juste de ses effets, il faut se représenter l'état de choses auquel il vient s'ajouter pour l'améliorer.

Il ne faut pas confondre, comme on le fait souvent, le principe de légitimité et le principe d'autorité qui se combinent ensemble. Le principe d'autorité s'établit par la force des choses; nous ne pouvons refuser à notre souverain ce que nous accordons à notre médecin, voire même à notre cocher; nous ne pouvons pas éviter de mettre à leur merci ce que nous avons de plus cher, notre vie même; nous ne pouvons pas profiter de leurs services sans courir des chances, sans les laisser disposer librement dans une certaine mesure de ce qui est à nous. Nous sommes libres de choisir la personne à laquelle nous voulons nous fier, mais non pas de ne nous fier à personne. Encore la liberté de choix est-elle d'autant plus restreinte qu'il s'agit d'un office plus relevé : elle ne l'est nulle part autant que lorsqu'il s'agit de l'état auquel on veut appartenir. Ainsi, le peuple est forcé d'abdiquer la direction de ses affaires au profit de certains individus qu'il investit des pouvoirs nécessaires à l'exécution de leur tâche. Ces individus sont choisis en raison des lumières exceptionnelles, supérieures à celles de la masse du peuple qu'on leur suppose. Les avantages qui doivent résulter de la constitution des

autorités seraient perdus si celles-ci ne devaient
être que les exécuteurs du sentiment populaire ou,
comme on dit, de la majorité. Tout en représentant
le peuple d'un certain côté, le fonctionnaire doit
le compléter d'un autre côté, se mettre par conséquent vis-à-vis de lui dans un rapport d'opposition. Le salut du pays exige qu'il agisse et qu'on
le laisse agir, dans une certaine mesure, suivant sa
conscience individuelle, d'une manière indépendante de l'opinion publique ; ce qui ne l'empêchera pas de consulter cette dernière et d'éviter de
la froisser inutilement. Or, il ne suffit pas de laisser cette liberté d'action ; il faut encore la garantir, affranchir le fonctionnaire de l'inquiétude qu'il
peut éprouver et qui paralyserait ses moyens. Il ne
faut pas oublier que nous sommes tous à la merci
du peuple, et que le fonctionnaire y est plus qu'un
autre, parce qu'il a plus d'occasions de l'irriter. Le
but de la loi, c'est de faire cesser le terrorisme,
surtout là où il est le plus à redouter, chez les fonctionnaires. C'est pour cela que les premières lois
présentent le caractère d'une autorisation donnée
par le peuple à ses mandataires sur leur demande.
Il est nécessaire que le fonctionnaire soit dans une
certaine mesure irresponsable, parce qu'autrement
on s'expose à des dangers plus graves que ceux
qu'on veut éviter. En soumettant tous ses actes au
jugement du peuple, on retombe dans tous les in-

convénients des gouvernements par les factions, qu'il s'agit précisément d'éviter.

Cette irresponsabilité ne peut pourtant pas être absolue. Par toutes sortes de raisons, il est nécessaire de la définir ; c'est précisément le second but de la loi. Elle doit tout à la fois motiver des poursuites contre le fonctionnaire qui outrepasse ses pouvoirs, et couvrir celui qui s'y renferme. Mais, à côté de cette responsabilité juridique définie, il y en a une autre, toute morale et qui porte même sur l'usage que le fonctionnaire a fait de ses pouvoirs sans en dépasser les limites. L'inviolabilité légale, qui lui est accordée, n'empêche pas le peuple d'apprécier ses actes pour lui continuer ou lui retirer sa confiance. Comme il faut un certain temps pour juger en connaissance de cause, il en résulte que le fonctionnaire doit s'affranchir de l'opinion du moment où il agit, tout en se souciant de ce qu'on pensera de lui plus tard. C'est ce qu'on exprime en parlant du jugement de la postérité, expression malheureuse, parce qu'elle est blessante pour les contemporains, mais qui, sous une forme dérisoire, recouvre une idée parfaitement juste au fond. On ferait mieux d'opposer l'opinion instruite par l'événement et calmée par le temps à l'opinion aveugle et passionnée du moment présent. Pour que cette responsabilité morale, la seule compatible avec l'indépendance légale dans les limites de la compétence, **porte ses fruits**, il faut que la part d'action de chacun soit bien établie, que les attributions de chacun soient nettement définies. C'est encore à la loi, c'est-à-dire au peuple, qu'incombe cette fonction.

Ainsi, s'il est impossible d'éviter l'arbitraire, qui est la raison d'être de l'impérialisme, on peut, sans renoncer à ses avantages, le dépouiller de ses dangers en le limitant et en le répartissant. On atteint ce but par la loi; c'est pour cela qu'on oppose les gouvernements légitimes aux gouvernements absolus. Voyons maintenant les conditions d'une bonne loi.

La légitimité suppose la loi naturelle et la loi positive. La première est même la plus nécessaire des deux; il y a des peuples qui n'en ont pas d'autre, bien qu'un tel état de choses ne soit possible que dans l'enfance des nations ou dans un avenir dont nous sommes encore très éloignés. Il y a toujours une loi naturelle à la base de la loi positive, quoique souvent on ne s'en rende pas compte; mais la loi naturelle a besoin d'être formulée et complétée soit par la loi positive, soit par le juge. Elle doit être connue du peuple, pour que celui-ci puisse s'y conformer quand il donne ou refuse son adhésion à la loi positive. Mais, dans une civilisation avancée au moins, pour que cette condition soit remplie, il faut des hommes qui se consacrent à l'étude et à l'enseignement de la loi naturelle, et le fassent d'une manière indépendante du gouvernement, qu'ils doivent aider à tenir en échec. L'importance de cette fonction, trop négligée, est très grande. Quand on examine les choses de près, on se convainc que les corps législatifs et les tribunaux ne jugent proprement que du fait, les uns des conditions générales du pays, les autres des circonstances particulières de l'espèce. Le véritable juge du droit, c'est celui qui connaît et enseigne la loi naturelle.

Mais la loi naturelle est insuffisante ; on ne peut ni s'en passer, ni s'en contenter. Il faut une loi positive, qui doit être conforme tout à la fois aux exigences de la loi naturelle et aux sentiments du peuple. La loi positive est la part des masses dans le gouvernement, parce que comme celles-ci elle ne se prête qu'à un rôle d'inertie, d'obstacle et qu'il ne faut pas enlever au peuple la seule chose qui lui convienne. C'est donc le peuple qui doit trancher les controverses auxquelles peut donner lieu la loi naturelle et décider ce qui est bien ou mal. Le système légitimiste implique donc ce qu'on appelle le sacerdoce universel dans ses applications pratiques, et le suffrage universel qui en est la manifestation. La loi doit tenir compte des intérêts de tous, et tous doivent être consultés sur son adoption. L'existence au sein de l'Etat d'une classe

de gens qui ne sont pas protégés par la loi constitue un danger public. Il est dans la nature de
l'homme de chercher à détruire ce dont il est exclu.
La solidité d'un système de garanties dépend du
nombre des gens qui sont intéressés à le soutenir,
parce qu'ils en profitent. Les objections faites au
suffrage universel au nom de l'incompétence des
masses viennent d'une fausse conception de ce principe. Il faut y voir un moyen, non pas de recueillir des lumières, mais de consulter l'opinion
publique. Comme il faut s'affranchir de l'opinion
publique dans les choses qui ne sont pas de sa
compétence, il faut aussi la respecter jusque dans
ses erreurs quand elle se renferme dans le domaine
qui lui appartient. On voit que la légitimité n'est
qu'une forme de la démocratie; elle veut l'égalité
devant la loi, égalité conventionnelle destinée à
diminuer les inconvénients de l'inégalité naturelle.
L'égalité doit se trouver, non seulement dans la
confection et les dispositions de la loi, mais aussi
dans son application ; c'est même là qu'elle a le
plus d'importance, car une loi partialement exé-
cutée est le pire de tous les instruments d'oppression, d'autant plus que l'arbitraire est contagieux.

La loi positive doit encore être sobre, pour ne
pas se mettre en contradiction avec elle-même et
pour ne pas tenter ce dont elle est incapable. Chaque
contradiction dans le système législatif est une

porte ouverte à l'arbitraire des fonctionnaires. Le même motif qui demande le respect des droits acquis exige que celui qui a compté sur une disposition de la loi, qui l'a interprétée sérieusement ne soit pas déçu dans son attente. C'est pour cela qu'il ne convient pas qu'une loi soit interprétée par celui qui l'a faite. Cette condition d'harmonie se trouve être d'une réalisation difficile par le fait que les diverses dispositions d'un système sont posées à des époques souvent très éloignées les unes des autres, et que ceux qui les formulent ou les votent sont loin de se rendre toujours compte des contradictions qui peuvent en surgir. De là le besoin de ces épurations périodiques de la loi, connues sous le nom de codifications, et auxquelles on devrait procéder beaucoup plus régulièrement qu'on ne le fait. Il ne faut pas s'en remettre à la science et à la coutume pour la satisfaction de ce besoin; ce serait mettre le désordre dans le système et discréditer la loi.

La loi doit encore être sobre pour ne pas tenter ce qu'elle ne peut pas faire. Comme le peuple en masse, elle n'est capable que d'une résistance passive. Elle doit se borner à poser des principes très simples, destinés à limiter le pouvoir des fonctionnaires, à régler les actes sans entreprendre sur les consciences et sans prononcer sur les questions de théorie pure. Son objet propre, c'est le droit administratif, qui devient le droit constitutionnel en raison de la forme qu'il revêt.

La limitation des compétences par la loi ne suffit pas; elle doit être complétée par l'abstention systématique ou l'incompatibilité. Le système légitimiste peut être considéré comme un produit de la religion chrétienne épurée, dégagée en particulier de certains dogmes dont on commence à comprendre l'origine et les motifs impérialistes. Elle prend pour point de départ l'infirmité de la nature humaine et cherche à lui venir en aide. Sa grande préoccupation est de ne pas induire en tentation ceux auxquels il est nécessaire de confier le pouvoir. Aussi désapprouve-t-il la réunion de plusieurs fonctions dans les mains de la même personne. Il a pour cela plusieurs motifs. Il importe de compenser la confiance accordée d'un côté par des mesures de défiance prises de l'autre; il faut donner aux fonctionnaires les pouvoirs dont ils ont besoin pour s'acquitter de leur tâche; il faut éviter également d'imposer à une même personne des devoirs contradictoires dont elle ne peut remplir les uns qu'en violant les autres; or, c'est ce qui peut arriver quand on confie au même fonctionnaire la représentation d'intérêts sociaux différents. Rien ne garantit que les pouvoirs donnés pour la défense des uns ne seront pas employés à la ruine des autres. Nous avons vu, en outre, que la légitimité compte sur les caractères plus que sur les principes; or les caractères s'altèrent et surtout se discréditent par la diversité des rôles. Bien qu'il ne manque pas de pays où cela se passe, il n'est pas décent qu'un homme soit chargé de se contrôler lui-même; l'obéissance passive et la discussion ne peuvent pas sans inconvénients se rencontrer dans la même personne. Ainsi la séparation des pouvoirs, sérieusement appliquée, est encore une des conditions essentielles de la légitimité. Il ne faut pas oublier seulement que les principes les plus justes sont susceptibles d'applications fausses. On peut se demander, par exemple, s'il est heureux et même s'il est possible de séparer dans une même opération l'initiative de l'exécutive, et de réduire le chef nominal de l'État à cette dernière fonction, comme le voudraient certaines personnes. Ce roi qui règne et ne gouverne pas, qui ne dispose de la force publique et ne sert d'intermédiaire dans les relations extérieures que pour garantir que tout est en règle et qu'il n'y a pas d'usurpations de fonctions, peut-il être autre chose qu'un fantôme ? Certes nous n'emploierons pas ici les mêmes arguments que Napoléon dans l'objection fameuse et cynique qu'il faisait à Sieyès. Nous n'admettons pas qu'un homme supérieur soit jamais autorisé à considérer l'accomplissement de son devoir comme au-dessous de sa dignité, parce que ce devoir prend la forme de l'abstention. Mais il y a toute sorte de raisons pour faire exécuter par celui qui a conçu, tout en cherchant pour la division des pouvoirs une base meilleure. La responsabilité ministérielle n'implique pas nécessairement la direction personnelle; elle peut s'attacher au simple contrôle et c'est probablement là sa portée primitive. La séparation de l'exécution et de la décision peut rendre des services à titre de transition, par exemple pour acheminer le passage de la justice propre à la justice sociale; mais il serait dangereux de l'ériger en principe.

En revanche, la plus urgente peut-être des séparations est celle du temporel et du spirituel, très incomplètement réalisée par celle de l'Église et de l'État. L'influence spirituelle devant être accessible à tout le monde, les détenteurs du pouvoir temporel ne peuvent pas en être exclus. Il importe d'autant plus de les empêcher de l'accaparer, car les deux fonctions se corrompent en s'emmêlant, comme elles ne manqueront pas de le faire si on ne réagit pas. Une vérité qu'on impose est une vérité qu'on altère. L'instruction peut être le premier intérêt d'un peuple, sans que ce soit une raison pour la confier au gouvernement. L'État enseignant peut être une nécessité passagère; comme principe définitif, il doit être rejeté. La fonction la plus importante des organes spirituels doit être de mettre le peuple en état de contrôler son gouvernement et de lui résister, et cela ne leur est possible qu'au moyen d'une entière indépendance. On se convainc, du reste, que nous péchons par anthropomorphisme en politique comme en théologie; nous poussons trop loin la personnification. L'Église et l'État sont des termes qui facilitent beaucoup le discours, mais dont on s'exagère l'importance. Il n'y a proprement que des intérêts communs qui entrent en conflit comme les intérêts particuliers et qu'il s'agit de subordonner sans les annihiler. Pour éviter ce dernier excès, il convient que chaque intérêt ait son défenseur spécial et particulièrement intéressé. En chargeant, au contraire, la même personne de la représentation de plusieurs intérêts sociaux, on s'expose à ce que l'un ou l'autre soit complètement sacrifié aux convenances particulières et surtout à la paresse du représentant commun. Ainsi le principe légitimiste ne permet pas d'oublier que le droit sort de la guerre, et qu'une bonne constitution politique doit reposer sur l'idée de l'antagonisme des fonctions.

On voit combien on aurait tort d'identifier la légitimité avec la monarchie héréditaire, bien que les deux systèmes marchent très bien ensemble, précisément parce qu'ils se complètent. Comme on l'a déjà fait observer, c'est une erreur de croire qu'il n'y ait qu'une seule légitimité. Il faut, au contraire, dans un pays plusieurs personnes ayant leur compétence et leurs droits administratifs définis et garantis par la loi. Le principe légitimiste est, si l'on veut, l'individualisme, dont la monarchie dans le sens ordinaire du mot n'est que l'application rudimentaire et défectueuse. Il n'y a, d'autre part, d'incompatibilité entre la légitimité et la république que pour ceux qui voient l'essence de cette dernière dans le caractère collectif des décisions et dans l'abaissement des responsabilités qui en résulte. Mais si l'on voit l'essence de la république dans la souveraineté du peuple telle qu'elle est possible, dans les mesures prises pour éviter les abus de pouvoir, on reconnaîtra que la légitimité en est la seule application sérieuse. Aussi ce système aura-t-il les sympathies des véritables hommes d'État, de ceux qui cherchent à fonder, comme on l'a dit, l'unité nationale sur les tombes des factions ; les hommes de parti, ceux qui attisent les dissensions pour en profiter n'en voudront jamais entendre parler. Mais c'est peut-être là le meilleur indice de son excellence.

III. *Le Doctrinarisme et le Parlementarisme.*

Le système légitimiste n'a jamais été réalisé jusqu'ici. On a essayé de divers autres procédés plus ou moins défectueux qu'il nous faut maintenant examiner.

Quand la communauté des aspirations se trouve détruite par la dissidence, on essaie de la rétablir artificiellement. Seulement au lieu de chercher, pour remplacer les anciennes croyances disparues, d'autres croyances plus profondes et dont la reconnaissance s'impose à tout le monde, on croit pouvoir violenter les consciences. On retombe alors dans une nouvelle espèce de guerre et d'usurpation. Des partis se forment, partis surtout religieux, au moins en apparence, et les gouvernements se voient obligés de choisir entre eux ; ceux qui réussissent à s'emparer de la détermination des croyances officielles, de celles qui règlent la conduite publique, deviennent les véritables souverains du pays, souverains irresponsables puisqu'ils imposent les décisions sans les prendre eux-mêmes. L'usurpation spirituelle du doctrinarisme aboutit aussi à l'absolutisme, collectif au fond bien qu'il tende à devenir monarchique à la forme, comme le prouve l'histoire de l'Église catholique. Le doctrinarisme, dont l'Église est l'instrument, a rendu de grands services, mais on ne peut pas se contenter de ce régime. Sans doute, les croyances ne peuvent pas rester stationnaires, elles s'altèrent quand elles ne se perfectionnent pas. Dans notre civilisation fondée sur la division du travail, il faut des organes spécialement chargés de les préciser. Mais les moyens employés jusqu'ici renfermaient des germes funestes qui se sont développés depuis dix-huit siècles, de telle sorte qu'aujourd'hui le mal dépasse le bien. Il faut que l'Église redevienne ce qu'elle n'aurait jamais dû cesser d'être, une simple école de morale, proposant son enseignement sans chercher à l'imposer, pas même indirectement. Le clergé n'est qu'un corps enseignant, dont les usurpations n'ont pas été réprimées. Il faut mettre fin à ses abus d'influence, qui lui ont fait perdre la confiance des populations et dont les conséquences ont été très graves. Les usurpations spirituelles sont les plus dangereuses de toutes. Celui qui domine la conscience d'un individu ou d'un peuple les domine tout entiers. Les hommes ont bien fait de secouer le joug d'une théologie entachée d'erreur; mais tant qu'ils la croyaient infaillible, ils ne pouvaient pas ne pas lui laisser prendre la première place. Les dominations spirituelles sont aussi les plus difficiles à remplacer lorsqu'elles s'écroulent, et la conséquence la plus grave des abus qui ont été commis, c'est que l'enseignement de la loi morale et naturelle ne se fait plus utilement, de telle sorte que les peuples sont hors d'état de bien choisir et de surveiller leurs mandataires. La faute du doctrinarisme, c'est de faire reposer directement l'État sur l'Église et le droit sur le dogme, de ne pas interposer entre eux la convention et la loi positive pour sauvegarder la liberté de conscience. Par le caractère officiel qu'il attribue à une doctrine, il dépouille de sa souveraineté la masse de la nation pour la réserver à ceux qui adoptent ou plutôt qui font semblant d'adopter cette doctrine. Les exclus subissent la position qui leur est faite tant qu'ils n'ont pas la force de la changer. Mais comme le progrès des idées fait grossir leurs rangs de jour en jour, ils relèvent petit à petit la tête et cherchent à reprendre leur part d'influence. Pour cela ils sapent ces croyances officielles qui sont le motif de leur exclusion et finissent par faire crouler l'édifice social. C'est ainsi que le doctrinarisme ramène la guerre civile qu'il était destiné à éviter et la ramène sous la forme la plus grave.

Le doctrinarisme n'est pas toujours religieux ; il peut être aussi philosophique, reposer non pas sur des dogmes, mais sur des principes. Dans les deux cas il ne tient pas un compte suffisant de la liberté d'appréciation dont les fonctionnaires ont besoin pour s'acquitter de leur tâche, et de l'importance de la convention pour faire la part de ce que l'État exige et de ce qu'il laisse à la discrétion de ses agents. Mais le doctrinarisme n'a pas pris sous sa forme philosophique autant de consistance que sous sa forme ecclésiastique, et c'est sous cette dernière qu'il convient de l'étudier. Et cependant le doctrinarisme philosophique est dans un certain sens le plus caractéristique, celui qui met le plus en évidence les défauts du système, celui dont les affirmations sont le plus vagues et le plus contestables, à tous égards. C'est précisément le mélange de convention, de convention instinctive peut-être qu'il renferme, qui a rendu le doctrinarisme ecclésiastique viable.

Après le naufrage du doctrinarisme, on essaie du parlementarisme, dont le caractère est d'être à la fois collectif et représentatif, de reposer sur la combinaison de deux fictions qui se contrarient l'une l'autre. Comme il doit arriver en pareil cas, elles détruisent réciproquement leurs avantages et laissent subsister leurs inconvénients. Ce régime ne présente ni les mérites de la monarchie, ni ceux de la démocratie directe. C'est un pis-aller, dont l'introduction ne s'explique que par un malentendu.

L'origine des parlements doit être cherchée dans les conférences diplomatiques, où les représentants de puissances indépendantes traitent de la paix et de la guerre. C'est une condition d'existence pour les groupes représentés de respecter les engagements pris par leurs représentants. La ratification faite après coup n'est pas toujours possible; elle ne l'était peut-être jamais dans les temps primitifs. L'origine militaire de la représentation est mise en évidence par la légende des Horaces et des

Curiaces. Nous avons un autre indice significatif dans les palabres des sauvages, assemblées tumultueuses qui tiennent à la fois de la guerre et du conseil, et dans lesquelles les opinants, par des raisons faciles à comprendre, s'attachent plus à prouver leur valeur personnelle que l'excellence de leur avis.

Ces conférences plus ou moins diplomatiques, qui forment le point de départ du régime parlementaire, ne connaissaient pas le principe de majorité. Les parties contractantes restaient libres de se retirer et n'étaient liées que par leur propre consentement. Il est vrai qu'en se retirant, elles renonçaient à la paix qui leur était offerte et se retrouvaient sur le pied de guerre. Ceux qui acceptent cette conséquence ne peuvent pas être empêchés même de manquer à leur parole. Aussi la société fondée simplement sur le traité diplomatique est-elle toujours prête à se dissoudre; elle ne présente aucune sécurité et ne comporte aucun progrès. Ce mode de vivre rend de grands services aux relations commerciales, mais il n'offre pas une base suffisante à l'édifice politique.

Le principe des décisions par voie de majorité s'établit dans les démocraties directes, dans des assemblées formées, non pas des représentants de puissances indépendantes, mais d'individus pour lesquels l'isolement serait la mort et l'adoption d'une opinion qui n'est pas la leur peut devenir souvent une condition d'existence. Le groupe n'est pas assez considérable pour pouvoir se diviser. Il faut sauver l'unité même au prix de la liberté, se procurer une volonté publique, fût-ce au moyen d'une fiction. Comme l'expérience a montré les dangers du système monarchique, on recourt à un autre expédient. Le principe de majorité, qui annule un certain nombre de voix pour laisser la place libre aux autres, n'est qu'une fiction, et une fiction d'autant plus dangereuse qu'on est plus disposé à l'oublier. En faisant usage de la fiction, on s'engage sur un terrain glissant. On devrait se rappeler que les règles posées à propos des dispositions exceptionnelles, l'interprétation restrictive, l'interdiction de tirer les conséquences doivent s'appliquer à plus forte raison aux fictions, dès que la chose est possible. C'est ce qu'on oublie dans le système parlementaire.

Les personnes collectives ne peuvent pas avoir de véritable volonté, mais seulement des sentiments, pleins de nuances et de contrastes; elles sont en outre dénuées d'esprit de suite. C'est pour cela qu'elles sont incapables d'une véritable action, incapables en particulier de gouverner. La forme négative du veto est l'expression la moins inexacte qu'elles puissent avoir de leurs sentiments. Aussi l'élément populaire doit-il être complété par un élément individuel. C'est ce qui a lieu dans la démocratie directe et dans la légitimité, deux systèmes qui pourraient bien n'être que deux degrés de développement d'un même principe. Aussi comportent-ils, ou plutôt supposent-ils l'un et l'autre le suffrage universel, dont le rôle se borne à choisir des mandataires et à donner ou à refuser son autorisation à des propositions qu'il ne lui est pas permis de modifier. De la sorte, les individus et les masses ont chacun leur rôle et leur responsabilité bien distincts. Malheureusement, à l'origine des États, on ne comprend pas le principe de la répartition et de l'incompatibilité des fonctions ; on croit que le rôle individuel doit être joué par une seule et même personne. C'est pour cela qu'on glisse sur la pente de l'impérialisme. Pour éviter d'échouer sur cet écueil, pour renforcer les limites mises par les droits du peuple à l'arbitraire du prince, limites dont l'expérience a prouvé l'insuffisance, on a recours au parlementarisme, et voici comment on y est conduit.

Nous voyons d'assez bonne heure s'ajouter aux deux facteurs fondamentaux du peuple et du prince un troisième organe, qu'on appelle sénat dans l'antiquité, conseil dans les temps modernes, et dont le rôle est d'abord très effacé. Tandis que la décision appartient au peuple sur les questions importantes, au prince dans les détails de l'exécution, le

sénat a simplement voix consultative. Ses membres
sont les conseillers privés du roi, qui les choisit
suivant son bon plaisir, et le fera volontiers de
manière à leur faire représenter les diverses exigences et les divers intérêts dont il y a lieu de
tenir compte. Le fait de voir les affaires de près procure aux sénateurs une certaine autorité aux yeux
de leurs concitoyens, les désigne naturellement
comme les médiateurs des conflits qui pourraient
surgir entre le prince et le peuple. Bientôt on s'ha-
bitue à les considérer, non pas seulement comme
des conseillers du prince, mais aussi comme des
témoins de tous ses actes, chargés de veiller aux
intérêts du peuple et de faire au chef de l'État des
représentations quand ils le jugeaient nécessaire.
Lors même que le chef de l'État n'est point tenu
de se conformer aux observations qui lui sont
adressées, le simple fait de la désapprobation dont
il est l'objet peut éviter bien des abus. Ce nouveau
frein, puissant quoique purement moral, peut devenir illusoire par le fait que le prince choisit
lui-même ses conseillers. On cherche alors à lui
enlever ce droit dangereux, à composer les parlements de personnes qui en font partie de droit ou
de députés nommés par le peuple. L'élection populaire prend de jour en jour plus d'importance et
finit par supplanter complètement les autres modes.
C'est ainsi que le parlement devient ce qu'il n'était

pas dans le principe, une représentation du peuple, et qu'il se trouve appuyé par la force morale de ce dernier. Dès lors, le parlement s'impose au roi. Ses attributions, de purement consultatives qu'elles étaient, deviennent décisives ou, comme on dit, délibératives. Le prince se trouve graduellement réduit à des fonctions purement exécutives. D'autre part, les assemblées du peuple, remplacées avantageusement à tous égards, semble-t-il, s'effacent, peut-être même disparaissent complètement. Le parlement réunit ainsi des attributions que l'on avait jusque-là, en raison de leurs exigences opposées, confiées à des organes distincts. C'est désormais une personne collective qui prend, non seulement les décisions négatives, mais aussi les décisions positives. Aussi est-ce dans le parlementarisme qu'il faut étudier les défauts des personnes collectives, beaucoup plus que dans la démocratie directe, qui sait mieux les renfermer dans les limites de ce qui leur convient. Naturellement le parlement doit se transformer pour s'accommoder à ses nouvelles fonctions. Il doit en particulier adopter le principe de majorité, lequel par des raisons différentes n'a pas plus de raison d'être dans une assemblée purement consultative que dans les conférences diplomatiques. Tant que le peuple reste uni pour résister à l'arbitraire royal, les inconvénients du système ne se font pas sentir. Mais quand les divergences d'intérêts ou d'opinion reparaissent, on s'aperçoit que le régime parlementaire, indépendamment de l'incohérence de la conduite qui résulte du caractère collectif des décisions, envenime les dissensions. Il fait aussi prendre à la nation des habitudes de fausseté qui de la politique se propagent dans les autres sphères de la vie publique et même privée.

Le principe de représentation ou plus exactement de délégation doit avoir pour correctif une responsabilité sérieuse. Or, cette condition est incompatible avec les décisions collectives par voie de majorité. Ce serait perdre sa voix que de s'obstiner à faire triompher son opinion personnelle; il faut voter, non pour ce qu'on croit le meilleur, mais pour le parti le moins mauvais parmi ceux qui sont possibles, compter avec la passion et non pas avec la raison. On est conduit également à donner une grande importance aux questions de personne, car un plan médiocre, sur la réalisation duquel on peut compter, vaut mieux qu'un autre que l'auteur n'a pas les moyens d'exécuter.

Bien qu'on n'en veuille pas convenir, on sent tous ces défauts et c'est pour cela que le système n'est pas pratiqué sérieusement. Si l'on y croyait, on se ferait scrupule d'influencer les votations ; or chacun sait que c'est le contraire qui arrive, que non seulement la fable convenue, mais aussi la surprise, l'intimidation, l'équivoque, le marchandage, la main forcée jouent un grand rôle dans les décisions parlementaires. On ne se contente pas d'influencer les opérations des corps représentatifs ; on altère aussi leur composition. On s'arrange pour n'y laisser entrer que des hommes d'une certaine opinion, que des créatures de certains meneurs, que des fonctionnaires chargés de la sorte de se contrôler eux-mêmes. Le peuple finit par se trouver dépouillé de ses organes et de sa souveraineté au profit d'une faction. On justifie cette manière de faire en alléguant la nécessité d'un gouvernement harmonique. C'est ainsi que le système qui fait résider la souveraineté dans le parlement aboutit, par la falsification systématique de l'expression de la volonté nationale, à l'omnipotence de quelques meneurs irresponsables. Ce résultat est inévitable, parce que la raison d'être des parlements n'est pas de gouverner, mais de contrôler le gouvernement. Si l'on veut en faire un usage auquel ils ne sont pas destinés, on se trouve conduit à les fausser. Quand on donne à un corps des attributions qui exigent l'unité, on ne doit pas leur demander la diversité. Pour réformer la composition, il faut commencer par réformer les fonctions. C'est l'obstacle contre lequel viennent se heurter les partisans de la représentation des minorités.

Ainsi le régime parlementaire finit par aller à

fin contraire du but auquel il est destiné. Il déchaîne les passions, attise la guerre civile, favorise les usurpations, enlève le gouvernement à la nation pour le livrer à une minorité d'intrigants, détruit la patrie au profit des partis. Aussi les peuples, après en avoir essayé, lui préfèrent-ils encore l'impérialisme. C'est ce qui explique le succès de César, de Cromwell, de Napoléon. Du reste, ni le parlementarisme, ni les autres systèmes que nous avons passés en revue ne se présentent guère à l'état pur. Ils se confondent toujours plus ou moins les uns avec les autres, ce qui modifie naturellement leurs effets dans la pratique.

IV. *Les Origines de l'impérialisme.*

La recherche des origines de l'impérialisme n'est pas autre chose que la recherche des obstacles qui s'opposent à la réalisation de la légitimité. Elle me fournit la meilleure occasion de compléter ma pensée.

Les distinctions et les définitions ne sont pas dans la nature; elles n'apparaissent qu'au bout d'un certain temps. Les premiers pouvoirs qui s'établissent sont absolus, vagues et instables. Ils se consolident en se limitant. Les premières sociétés politiques qui se constituent restent élémentaires, alors même qu'elles ont une grande étendue. En

Orient, on ne trouve que l'impérialisme inconscient. On peut constater néanmoins quelques tentatives d'amélioration. Déjà chez les sauvages, le pouvoir des chefs militaires est quelquefois contrebalancé par l'influence des sorciers. Chez les Hindous, les brahmanes réussissent à limiter l'arbitraire des rois et rédigent dans ce but la loi religieuse de Manou. En Egypte également, les prêtres font des rois leurs instruments et formulent le principe de l'irresponsabilité du monarque. Malheureusement, dans l'un et dans l'autre de ces pays, les deux pouvoirs s'étant coalisés et ne rencontrant pas de résistance, se corrompent.

C'est à Rome qu'il faut étudier la question qui nous occupe, parce que cet État n'a pas été comme tant d'autres détruit par une cause extérieure. Il n'a succombé que sous ses propres fautes. Les principes légitimiste et impérialiste y jouent l'un et l'autre un rôle important, ils sont les deux pôles autour desquels s'opère tout le développement de la procédure civile elle-même.

L'histoire romaine s'ouvre par deux règnes, historiques ou légendaires, qui présentent les types de l'usurpateur et du roi légitime. Romulus s'impose; son arrogance finit par provoquer une révolte dans laquelle il disparaît. Numa n'accepte la couronne que sur les instances réitérées de ceux qui l'ont élu. Il professe un tel respect pour l'opinion

d'autrui, surtout pour celle des générations futures,
qu'il ordonne d'ensevelir avec lui les livres qui
renfermaient ses prescriptions. Du reste, sous l'un
comme sous l'autre de ces deux monarques, c'est
au peuple qu'appartient la décision souveraine. Le
monarque a l'exécutive, ainsi qu'une espèce d'initiative, destinée à lui permettre de sonder les dispositions du peuple, plutôt qu'à lui imprimer une
direction. Enfin le sénat est le conseiller, soit du
prince, soit du peuple, le conservateur des traditions, le corps chargé de développer les rudiments
de science dont on disposait alors, l'autorité spirituelle en un mot. L'Église et l'État sont deux fonctions d'une même puissance, deux formes d'une
même matière. Chaque citoyen a l'auspice privé,
la faculté de consulter les dieux pour ses affaires
particulières. Le prince seul a l'auspice public, le
droit de consulter les dieux pour les affaires de
l'État ; c'est l'effet de la liberté d'action qui lui est
laissée dans l'accomplissement de ses fonctions, et
non d'un droit qui lui appartiendrait de déterminer les croyances du peuple. L'auspice public est
le préliminaire de l'empire, du droit de donner des
ordres dont l'exécution était plus sûre à Rome,
même sous la république, que nulle part ailleurs.
Les pouvoirs du roi sont limités par les croyances
populaires, par la religion nationale. Le moment
vient pourtant où l'on sent le besoin de les mieux

préciser. On le fait au moyen d'une loi proposée par le prince, appuyée par le sénat, votée par le peuple. Avec le temps, on crée pour certains services des experts chargés d'abord de représenter certaines connaissances spéciales, et dont on tire plus tard un plus grand parti. De ce nombre étaient les féciaux, sans le consentement desquels, dit-on, le roi ne pouvait pas faire la guerre. En les créant, Numa mit des bornes au pouvoir du prince comme il en avait mis au territoire romain. Romulus n'avait jamais voulu le faire, pour qu'on ne s'aperçut pas de ses empiètements. Plutarque le dit du territoire, mais cela peut s'étendre aux attributions. A la suite de circonstances obscures que je dois renoncer à discuter ici, une scission s'opéra entre les familles sénatoriales et le reste du peuple. En droit ou en fait, les garanties légales ou, comme nous dirions aujourd'hui, constitutionnelles contre les abus du pouvoir royal ne profitent plus qu'aux patriciens. Peut-être les plébéiens en étaient-ils exclus, peut-être aussi ne s'en servaient-ils pas. Appelés à conquérir plutôt qu'à conserver, ils voyaient à l'impérialisme plus d'avantages que d'inconvénients. Les rois s'appuient sur eux pour étendre leur pouvoir, au détriment de la légitimité. Mais le dernier Tarquin ayant commis la faute de mécontenter les deux ordres, une coalition le chasse de Rome et remplace la monarchie par la république. Cette révolution rétablit la légitimité, mais elle profite exclusivement aux patriciens. Les plébéiens se trouvent exclus de toute participation à la souveraineté, sous prétexte de leur ignorance des traditions religieuses, morales et juridiques. Comme on avait besoin de leurs bras pour l'armée, ils utilisent cette circonstance et réussissent à conquérir les garanties qui leur manquaient. La nouvelle constitution était, comme l'ancienne, fondée sur la religion. Nous en avons la preuve dans le nom des lois qui la contenaient, dans le caractère sacré des fonctionnaires chargés de veiller à son maintien. Mais la religion mise à la base du traité entre les patriciens et les plébéiens ne pouvait pas être la chaste et savante religion patricienne ; car les familles sénatoriales, sacrifiant l'intérêt public à de mesquines considérations particulières, en avaient fermé l'accès à la masse du peuple. Il fallait se contenter de la religion impure et vulgaire qu'on avait laissée aux plébéiens. Ce fut le premier pas dans le sens de ce qu'on a appelé la sécularisation du droit ou, comme on pourrait dire aussi, sa profanation.

Les funestes effets de cette politique ne devaient se faire sentir que plus tard. Au premier moment, on n'éprouva que les bons résultats de l'admission des plébéiens dans le giron privilégié de la légitimité. L'État romain prit un immense développement et fit la conquête du monde. Alors le tentateur se présente de nouveau, avec plus de succès cette fois. Les provinces sont livrées sans défense à l'exploitation des citoyens romains. Les gouverneurs, choisis généralement dans la noblesse, les publicains, fournis par l'ordre des chevaliers, s'enrichissent et s'achètent des créatures aux frais des pays conquis. La direction politique passe des mains du sénat dans celles de proconsuls ambitieux.

On se flattait que la ville sainte resterait épargnée par le fléau qu'on laissait sévir autour d'elle ; on se trompait. Les opprimés devaient avoir leur revanche. Une armée, recrutée en grande partie chez les Gaulois, va passer le Rubicon, s'emparer de Rome, et renverser le gouvernement de la république. On pensa conjurer le mal par l'assassinat de César, comme on l'avait fait en massacrant Romulus, en expulsant les Tarquins. Mais il était trop tard ; la victoire de l'impérialisme abusif était assurée.

La république légitimiste distinguait les fonctions et répartissait les pouvoirs. Elle avait remplacé le roi viager par deux consuls annuels, destinés à se tenir réciproquement en échec. L'administration de la justice, séparée de la direction politique, était confiée à des préteurs, qui étaient juges du droit et laissaient des jurés prononcer sur

le fait. Le préteur, du reste, ne formule que le droit
positif, temporel. On avait d'autres organes pour
l'élément théorique, pour ce droit naturel qu'on
ne peut pas plus séparer du droit positif que la
matière de la forme. Ce sont d'abord les pontifes,
dont le rôle se borne, dans les affaires importantes
au moins, à préaviser en laissant le peuple décider. Plus tard, à la suite de la sécularisation du
droit, ils sont partiellement remplacés par des
jurisconsultes sans caractère officiel, sans autre
influence que celle de leur crédit personnel.

Sous l'empire, comme si l'on aspirait à revenir
au point de départ des sociétés, on confond tout
pour tout confier au même homme. Auguste réunit entre ses mains les pouvoirs du consul, du
préteur, du tribun, du censeur, les attributions du
pontife. On est même sur le point d'effacer la ligne
qui sépare le temporel du spirituel, le droit positif
de la théorie juridique. On hésite pourtant, comme
César au bord du Rubicon, avant de faire ce pas
gros de conséquences, qui doit finir par étendre le
pouvoir impérial au sanctuaire de la conscience.
Auguste renvoie ceux qui viennent le consulter sur
des problèmes de droit à des juristes chargés de
répondre à sa place, revêtus par ce fait d'un caractère officiel. Mais sous les règnes suivants, les autorités juridiques occupent les plus hautes positions,
ce qui leur procure d'excellents postes d'observa-

tion. Ils n'en sont pas moins appelés, comme Papinien et Ulpien, à sacrifier leur vie pour leurs convictions, aussi bien que le plus humble des martyrs. Cependant, on descend insensiblement la pente sur laquelle on s'est engagé. L'empereur, dont le bon plaisir sera bientôt la seule loi de l'État, confisque tous les droits du peuple, sous prétexte de le représenter. Il s'en arroge en particulier les attributions religieuses, entre autres la détermination des cultes permis ou défendus. C'est à ce titre qu'il ordonne les persécutions contre le christianisme, dans lequel l'impérialisme avait avec raison reconnu son plus mortel ennemi. Retournons en arrière pour rechercher quelle est cette nouvelle puissance qui paraît sur la scène du monde et à laquelle appartient l'avenir.

Tandis que les Romains marchaient de victoire en victoire pour ne succomber que sous les séductions d'une prospérité sans exemple, il y avait, en Asie, une petite peuplade obscure et toujours foulée, qui pourtant se sentait appelée, elle aussi, à régner sur les nations. Elle avait pour nourriture morale un programme politico-religieux, rédigé en utilisant des documents plus anciens, en partie au lendemain de la chute de Samarie, en partie pendant la captivité de Babylone. En ces temps de grande inquiétude et de profonde humiliation nationale, on sentait le besoin de réunir toutes les forces du peuple pour traverser la crise. La loi dite de Moïse est écrite dans l'intérêt de la nation tout entière et non, comme celle de Manou, en vue de l'intérêt particulier d'une caste. Le principe du sacerdoce universel est rigoureusement appliqué. Le clergé se compose de desservants, qui n'ont le monopole ni de la connaissance, ni de l'enseignement. La loi, qui est surtout une instruction à l'usage du roi et des autres fonctionnaires, ne se prétend point immuable. L'individu, sans doute, n'y doit rien changer; mais le peuple, qui l'a volontairement acceptée, reste libre de la modifier à l'instigation des hommes qu'anime l'esprit de l'Eternel : «Dieu,» fait-on dire à Moïse, « vous suscitera un prophète semblable à moi, écoutez-le. » L'ordre spirituel, complètement affranchi du temporel et fondé sur le sacerdoce universel, a pour organes les prophètes destinés à prendre de plus en plus d'importance ; car le temps doit venir où « l'esprit de Dieu sera répandu sur toute chair. » C'est le prophétisme qui va reprendre la cause de la légitimité pour la faire triompher de l'impérialisme, après une lutte vingt-cinq fois séculaire et qui, aujourd'hui, n'est point encore arrivée à son terme, mais dont il est possible de prévoir le dénouement.

Ainsi, deux peuples avaient reçu la mission de réaliser la légitimité. L'un, comblé de toutes les faveurs par la Providence, disparaît de la scène politique, après avoir enfanté le droit positif; l'autre empêché par son exiguïté de maintenir son indépendance au milieu des grandes puissances qui se disputent l'empire autour de lui, incapable de réaliser son programme politique, épuré par les plus sévères épreuves, paraît devoir prolonger indéfiniment son existence; le monde moderne lui doit sa religion; or, la religion est une des formes de la théorie juridique.

C'est sous le règne de l'empereur Auguste que naît le type accompli du prophète, le représentant le plus autorisé du sacerdoce universel, de la distinction des deux pouvoirs, en un mot de toutes les idées qui sont à la base de la légitimité. Jésus-Christ se donne lui-même pour un roi dont le règne n'est pas de ce monde. Il subordonne sa volonté à celle d'un autre dont il n'est que le mandataire. Dans son royaume futur, le plus grand doit se faire le serviteur de tous; les continuateurs de son œuvre ne doivent point chercher à dominer le peuple. Sa position vis-à-vis de celui qu'il appelle le prince de ce monde ou de ce siècle, est une opposition qui n'est pourtant pas une hostilité systématique; car il recommande de rendre à César ce qui est à César, comme à Dieu ce qui est à Dieu. Tel est l'homme qui devait être crucifié par les soldats de l'empereur, mais dont l'esprit devait miner

le système impérial, gagner les populations individu
par individu, créer dans chaque ville des communautés de disciples résolus à maintenir les droits
de la conscience contre ceux qui voudraient y porter atteinte.

L'empire s'efforça, comme Hérode, d'étouffer au
berceau l'enfant qui devait le détrôner; mais il ne
put triompher du courant de l'esprit public. Quand
l'inutilité de la violence fut bien démontrée, on es-
saya de la séduction. Les persécutions et l'adoption
du christianisme ne sont que deux voies opposées,
suivies l'une après l'autre pour atteindre un même
but, pour procurer au pouvoir temporel l'empire
sur les consciences. Le prince de ce monde offre à
l'Église les royaumes de la terre, à la condition de
se prosterner devant lui; l'Église consent à devenir un moyen de gouvernement dans la main de
l'empereur. Dès lors l'exclusivisme se substitue à
l'universalisme; au lieu d'adopter comme par le
passé la religion de tous les peuples avec lesquels
il entre en contact, éprouvant toutes choses pour
retenir ce qui est bon, l'État romain ne veut plus
tolérer qu'une seule croyance. Fût-elle la meilleure
de toutes, cette croyance s'altèrera nécessairement
par le seul fait qu'on l'impose. L'Église chrétienne
prête son nom à cette entreprise.

C'est l'alliance avec le clergé qui met le comble
au système impérialiste. Après avoir pris la place

du peuple, l'empereur va prendre celle de Dieu. Il s'était appuyé jusqu'ici sur des jurisconsultes, dont plusieurs s'étaient montrés fidèles à leurs convictions jusqu'à la mort ; il s'entourera désormais de théologiens, qui ne tarderont pas à devenir serviles. Les sources de la science juridique, si abondantes naguère, tarissent complètement. Au même moment apparaissent deux innovations complètement inconnues de l'empire païen : des écoles officielles de droit et l'obligation de les fréquenter.

L'impérialisme plante son drapeau dans le dernier refuge de son adversaire. Il comprend d'autre part les dangers qui le menacent à Rome, au milieu des souvenirs d'un temps meilleur. Il abandonne, pour aller s'établir dans l'Orient, habitué dès longtemps au despotisme, l'ancien sanctuaire de la légitimité, d'où devait sortir bientôt une résistance malheureusement incomplète.

Le pouvoir spirituel veut recouvrer son indépendance ; mais il conserve l'empreinte ineffaçable de la séduction à laquelle il a cédé. Il fallait renoncer complètement aux avantages temporels et à la constitution monarchique qui les assurait. La papauté, formée par la réunion de tous les épiscopats sur une même tête, est peut-être la manifestation la plus accentuée de l'impérialisme, son extension au terrain dont il aurait dû rester le plus rigoureusement écarté. L'Église ne sut pas s'arracher le bras qui la faisait broncher, et s'en ressentit toujours.

Ne pouvant ni s'entendre avec l'empereur byzantin, ni se passer de l'appui du bras séculier, la papauté se tourne vers une autre puissance qu'elle espérait trouver plus docile. C'est dans ce but qu'elle fait alliance avec Clovis et Charlemagne. Mais les Germains n'étaient ni assez avancés ni assez pervertis pour fournir la matière d'un véritable empire. Un apprentissage d'une dizaine de siècles était nécessaire. C'est en France, dont le système politique est essentiellement l'œuvre de l'Église, en bien comme en mal, que ce résultat fut obtenu.

On ne peut contester les immenses services rendus par le pape et le clergé pendant la féodalité. Représentants du droit vis-à-vis de la force, ils protègent le peuple contre l'oppression des grands. Mais la prospérité devait développer les germes de corruption que renfermait l'organisation ecclésiastique. En donnant aux prélats une force irrésistible, la centralisation leur permettait d'exploiter la chrétienté, comme les proconsuls avaient fait pour leurs provinces. D'ailleurs, il y avait des besoins sociaux que l'Église et le dogme ne pouvaient pas satisfaire, à moins de se dénaturer comme un instrument qui se fausse quand on en fait un usage auquel il n'est pas destiné. Il était nécessaire d'unifier, même avant les principes fondamentaux du droit, l'administration pratique de la justice. Pour atteindre ce but, il fallait la loi, la convention et un pouvoir temporel armé pour les faire respecter. On peut prendre pour point de départ de la formation de l'unité française la croisade contre les Albigeois, dont la couronne recueillit les fruits sans s'en être mêlée directement. Innocent III entreprend d'imposer aux populations du midi des croyances qui n'étaient pas les leurs. Il dépose l'archevêque de Narbonne, il force d'autres prélats à se rétracter, et donne son autorisation à la spoliation des seigneurs hérétiques. Le pape aurait peut-être fini par régner sans partage sur la conscience des Français, s'il n'avait pas rencontré de résistance chez le roi. La période la plus honorable, sinon la plus brillante, de la monarchie française est probablement celle où la couronne représente le principe de la limitation des pouvoirs et s'oppose aux empiétements du Saint-Siège. Malheureusement les rois ne furent pas suffisamment secondés par l'Église gallicane, qui était dans la bonne voie, mais qui s'arrêtait à mi-chemin. Longtemps elle avait défendu, contre les abus de l'autorité spirituelle, la liberté de conscience, en particulier celle que le pouvoir temporel doit conserver, dans les limites de ses attributions. Mais il fallait pousser plus avant dans cette direction, renoncer à toute

alliance et à tout alliage avec le temporel et la hié-
rarchie, pour se rapprocher à certains égards de la
primitive Église. Si l'Église gallicane avait identifié
sa cause avec celle du peuple, le dirigeant et s'ap-
puyant sur lui, l'histoire de France aurait probablement eu un tout autre cours; on aurait obtenu
sans catastrophe toutes les réformes salutaires que
la révolution française s'est proposées. On a préféré se faire protéger tour à tour par le roi contre
le pape et par le pape contre le roi. On ne voyait
pas que ces deux protecteurs avaient des intérêts
communs et ne tarderaient pas à se coaliser pour
dépouiller l'Église gallicane de ses libertés, sauf à
se disputer ensuite le prix de la victoire. On ou-
bliait que l'asservissement des consciences à la
tiare préparait leur asservissement à la couronne.

En 1461, Louis XI, abandonnant la politique
de saint Louis et de Philippe-le-Bel, entre par
l'abolition de la Pragmatique Sanction dans la voie
de l'absolutisme. Le concordat de 1516 entre Léon X
et François Ier est un nouveau pas dans le même
sens. Les conflits sans doute ne manquent pas
entre les deux alliés, mais la liberté de conscience
n'y gagne rien. On débat les droits du trône et du
Saint-Siège, sans s'inquiéter de ceux du peuple ni
même de ceux du clergé. Dans la lutte des deux
monarchies, la temporelle devait l'emporter, parce
qu'elle a sa raison d'être, tandis que sa rivale est

contre nature. Le pouvoir spirituel n'adopte cette forme que pour s'engager sur un terrain qui n'est pas le sien, et sur lequel il doit nécessairement succomber.

L'absolutisme royal triomphe complètement à dater de Richelieu. Ce ministre, dit le cardinal de Retz, forme dans la plus légitime des monarchies la plus scandaleuse et la plus dangereuse tyrannie qui ait peut-être jamais asservi un État. Quand le monarque peut dire : « L'État, c'est moi, » l'empire est fait, il ne lui manque plus que le nom. Il s'étend même au spirituel, comme celui de Byzance. Par l'édit de 1682 et par d'autres actes encore, le roi de France prescrit aux facultés de théologie ce qu'elles doivent enseigner. Il n'y a plus aucun organe public pour le limiter. Il ne reste à la noblesse ni pouvoir politique ni responsabilité ; mais on lui a soigneusement laissé tous ses privilèges, pour mieux l'intéresser aux abus.

Les tentatives de résistance n'ont pourtant pas tout à fait manqué. On en peut voir une, bien insuffisante assurément, dans le retour du clergé à l'ultramontanisme ; on essaie d'opposer le pape à l'omnipotence royale. Signalons encore l'insurrection des Camisards, l'exode qui suivit la révocation de l'édit de Nantes. Les parlements font aussi de louables efforts ; mais ils ne sont que les conseillers du roi, auquel seul appartient la décision ; ils n'ont pas, comme le clergé, de point d'appui dans le peuple. Aussi doivent-ils se borner à de stériles protestations. Une opposition plus efficace, sinon plus heureuse, est faite par les hommes de lettres qui se placent sur le véritable terrain, celui du public, dont ils tâchent de gagner la confiance et d'éclairer l'opinion.

Tous ces courants et d'autres encore aboutissent à la révolution française, laquelle avait dans l'origine, comme en Amérique, des intentions légitimistes exprimées par la Déclaration des droits de l'homme. Mais une des lois de l'histoire oblige l'humanité, quand elle est entrée dans une voie fausse, à la suivre jusqu'au bout, pour toucher du doigt son erreur. La France était lancée sur la pente de l'arbitraire, elle devait en épuiser tous les modes. C'est pour cela qu'au lieu de faire une réforme, elle a fait une révolution. Après l'absolutisme dynastique, on essaie de l'absolutisme démagogique. On revient ensuite à l'absolutisme d'un usurpateur qui est peut-être le type le plus pur d'impérialisme qui ait jamais existé. Il ne souffre aucune limite d'aucun genre, prétend dominer tous les pays et tous les domaines de l'activité sociale. Il rouvre au pape les portes de la France, mais il entend en faire son instrument. Un différend étant survenu, il s'empare de la personne du pontife et le garde indéfiniment en captivité. Par la fondation de l'Université

de France, il centralise l'enseignement et l'organise sur le modèle de l'armée. On sait comment a
fini ce règne. Il était destiné par la Providence à
montrer que le plus grand des génies n'a pas la
force de supporter une puissance sans limites, et
qu'un pouvoir n'est solide que s'il rencontre une
résistance qui le garde de ses propres excès.